New Thresholds of Faith

Kenneth E. Hagin

New Thresholds of Faith
by Kenneth E. Hagin

ⓒ RHEMA Bible Church
AKA Kenneth Hagin Ministries, Inc.
P. O. Box 50126 Tulsa, OK 74150-0126 U.S.A.
All Rights Reserved.

2001 / Korean by Word of Faith Company, Korea.
Translated and published by permission
Printed in Korea.

믿음의 계단

1판 1쇄 발행일 · 2001년 7월 31일
1판 11쇄 발행일 · 2023년 12월 1일

지은이 케네스 해긴
옮긴이 김진호
발행인 최순애
발행처 믿음의말씀사
2000. 8. 14 등록 제 68호
우)16934 경기도 용인시 기흥구 신정로 301번길 59
TEL. 031) 8005-5483 FAX. 031) 8005-5485
http://faithbook.kr

ISBN 89-951673-8-6 03230
값 16,000원

본 저작물의 한국어판 저작권은 케네스 해긴 목사님을 통해 FAITH LIBRARY와의 독점 협약으로 믿음의말씀사가 소유합니다. 저작권법에 의해 한국 내에서 보호를 받는 저작물이므로 무단 전재와 복제를 금합니다.

믿음에 관한 26가지 가르침

믿음의 계단

케네스 해긴 지음 | 김진호 옮김

믿음의말씀사

| 목차 |

역자 서문 _ 6

- 01 어떻게 믿음을 갖게 될까요? _ 11
- 02 믿음이란 무엇인가? _ 21
- 03 믿음과 소망 _ 33
- 04 믿음은 응답을 바라봅니다 _ 43
- 05 행동하는 믿음 (1부) _ 53
- 06 행동하는 믿음 (2부) _ 63
- 07 믿음과 느낌 _ 73
- 08 심령으로 믿는다는 것은 무엇을 의미하는가? (1부) _ 81
- 09 심령으로 믿는다는 것은 무엇을 의미하는가? (2부) _ 91
- 10 고백 : 믿음을 여는 열쇠 _ 101
- 11 고백은 끊어졌던 친교를 회복시킵니다 _ 111
- 12 하나님 말씀을 고백하는 것은 믿음을 세워 줍니다 _ 119

13 그리스도 안에서 믿는 자의 특권인 고백 _ 131

14 바른 고백과 잘못된 고백 _ 141

15 축복을 위한 믿음 _ 151

16 최고의 믿음으로 가는 일곱가지 단계 (1부) _ 163

17 최고의 믿음으로 가는 일곱가지 단계 (2부) _ 173

18 최고의 믿음으로 가는 일곱가지 단계 (3부) _ 183

19 최고의 믿음으로 가는 일곱가지 단계 (4부) _ 195

20 믿음의 여섯 가지 적 _ 207

21 하나님과 같은 믿음 _ 221

22 믿음과 일치하는 행동들 _ 235

23 하나님께 당신 자신의 표를 쓰는 법 _ 247

24 의심, 하나님의 더 큰 축복을 도둑질하는 자 _ 257

25 당신은 당신이 말한 것들을 가질 수 있습니다 _ 265

26 인간의 영을 어떻게 훈련하는가? _ 273

| 역자 서문 |

믿음의 사도 스미스 위글스워스 이래 아마도 반세기를 걸쳐 20세기 후반 미국 오순절 운동에 가장 큰 영향을 끼친 사람 중에 한 분으로 나는 "믿음의 말씀"을 가르쳤던 케네스 해긴 목사님을 들기를 주저하지 않겠습니다. 오랄 로버츠와 함께 한 때 신유 부흥 운동에 쓰임 받기도 했지만 해긴 목사님의 믿음에 대한 가르침은 그분의 간증처럼 "내 백성들에게 믿음을 가르치라"고 말씀하신 주님의 명령을 따라 그분이 직접 체험한 놀라운 간증과 말씀에 철저히 근거하고 있습니다.

먼저 믿음이란 무엇인가, 혹은 믿음을 어떻게 키울까 보다도 해긴 목사님은 믿음의 근본이 되는 하나님과 하나님의 말씀에 대한 완전한 신뢰에서 시작을 하고 있습니다. 믿음에 관한 성경의 가르침을 자신의 삶에 적용하여 풍성한 간증과 함께 가르치시므로 누구나 이해하기가 쉬울 뿐 아니라 읽으면 믿음이 생기고 믿음으로 살고 싶은 거룩한 욕망과 용기가 생깁니다.

1900년대 초, 미국에서 온전히 인정을 받지는 못했지만 남겨 놓은 책을 통하여 바울이 받은 계시의 정수를 말했던 이 더블류 케년E. W. Kenyon의 가르침을 성령님의 도움으로 잘 배우고 기도하며 깨우치고 믿음으로 살므로 스스로의 간증으로 확증한 해긴 목사님의 사역은 참으로 현대 미국 기독교사에도 매우 중요하고 독특한 위치를 차지하고 있습니다.

케년 목사님은 소위 기존 교단으로부터 비판과 오해를 많이 받고 크게 빛을 보지 못했지만 해긴 목사님은 그분의 충실한 학생이 되어 이 "바울이 받은 계시"를 20세기 후반에 미국에 펴는데 크게 기여하였습니다.

1999년 가을부터 2000년 여름까지 안식년 동안 저는 해긴 목사님께서 지금도 83세의 나이로 학년마다 학기마다 한 과목씩 가르치고 계시는 미국 털사의 "레마 바이블 트레이닝 센터 Rhema Bible Training Center"에서 1년간 수학을 하는 축복을 누렸습니다. 그 때 직접 듣고 배운 것은 책을 통해 배웠던 믿음이나 영적인 그 어떤 것보다도 어떻게 말씀대로 순종하며 살 때 한 사람이 얼마나 능력 있게 예수님처럼 살 수 있는가를 직접 볼 수 있는 복된 기회가 되었습니다.

물론 아침 8시 출근 직전의 시간이나 저녁의 소위 황금시간에 기독교 채널을 통해 전국에 가장 많은 시청자를 확보

하고 있는 케네스 코플런드의 말씀 시간인 "승리의 음성Voice of Victory"을 통해서도 해긴 목사님께서 수십 년간 가르치신 "믿음의 말씀Word of Faith"을 케네스 코플런드 목사님이 잘 적용하고 발전시켜서 지금 전 미국을 편만케 하는 것을 확인할 수 있었습니다.

여자 교사로서 현재 미국 내 기독교 TV에서 거의 최고의 인기를 얻고 있는 조이스 마이어Joyce Meyer도 그 말씀을 들어보면 해긴 목사님의 충실한 제자임을 해긴 목사님의 책을 읽어 본 사람은 쉽게 알 수 있을 것입니다.

케네스 코플런드의 제자라고 스스로 밝히고 있는 제리 사벨 Jerry Savelle, 미국에서 제일 큰 예배당이라고 하는 Faith Dome을 LA에 짓고 믿음의 말씀을 가르치고 있는 케이 씨 프라이스K. C. Price같은 분들의 말씀을 들어보면 50년대 신유 운동 이래 은사주의 운동Charismatic Movement을 거치면서 실제로 얼마나 많은 사람들에게 이 믿음의 말씀이 영적인 도움을 주었는지 알게 됩니다.

앞서 몇몇 출판사에서 번역한 서너 권 외에 이번에 믿음의 말씀사에서 다시 세 권의 중요한 책을 추가하게 됨을 기쁘게 생각하며 이 책이 40~50년 전부터 미국에 퍼지기 시작하여 지금은 부흥하는 미국 오순절 교회 및 은사주의 독립교회의 기본 신앙이 되었듯이 복음주의 즉 장로교, 감리교, 침례교가 주종을 이루는 한국 교회에 새로운 포도주 같은 신선한 기쁨을 주기를 소원합니다.

김진호 목사
새로운 피조물 미니스트리 대표
예수선교사관학교장

01
어떻게 믿음을 갖게 될까요?

핵심 진리
하나님은 모든 사람이 믿음을 가질 수 있도록 예비하셨습니다.

히브리서 11장 6절은 "믿음이 없이는 하나님을 기쁘시게 하지 못하나니 하나님께 나아가는 자는 반드시 그가 계신 것과 또한 그가 자기를 찾는 자들에게 상 주시는 이이심을 믿어야 할지니라"고 말합니다.

만일 하나님께서 우리가 믿음을 가질 수 없는데 우리에게 믿음을 가지라고 명령하신다면 우리는 하나님의 공의에 도전할 권리가 있습니다. 그러나 만일 하나님께서 믿음을 생산하는 것을 우리 권한으로 두셨다면 우리가 믿음이 있든지 없든지 그 책임은 우리에게 있습니다. 하나님은 우리가 믿음이 없이는 하나님을 기쁘시게 하지 못한다고 말씀하셨습니다. 그리고 하나님은 우리에게 어떻게 믿음을 가질 수 있는지 말씀해주셨습니다.

그러므로 우리가 믿음이 없다면 그것은 하나님의 잘못이 아닙니다. 우리의 믿음이 모자라는 것에 대해 하나님을 탓한다면 그것은 무지일 뿐입니다. 하나님은 모든 사람이 믿음을 가질 수 있도록 예비하셨습니다.

구원을 위한 믿음

사도 바울은 우리가 믿음으로 구원받았다고 말했습니다.
"너희는 그 은혜에 의하여 믿음으로 말미암아 구원을 받았으니 이것은 너희에게서 난 것이 아니요 하나님의 선물이라" (엡 2:8)

그렇지만 어떻게 구원받는 믿음을 가질 수 있을까요?

그러면 무엇을 말하느냐 말씀이 네게 가까워 네 입에 있으며 네 마음에 있다 하였으니 곧 우리가 전파하는 믿음의 말씀이라 네가 만일 네 입으로 예수를 주로 시인하며 또 하나님께서 그를 죽은 자 가운데서 살리신 것을 네 마음에 믿으면 구원을 받으리라 사람이 마음으로 믿어 의에 이르고 입으로 시인하여 구원에 이르느니라 … 누구든지 주의 이름을 부르는 자는 구원을 받으리라 … 그런 즉 그들이 믿지 아니하는 이를 어찌 부르리요 듣지도 못한 이를 어찌 믿으리요 전파하는 자가 없이 어찌 들으리요 … 그러므로 믿음은 들음에서 나며 들음은 하나님의 말씀으로 말미암았느니라

롬 10:8-10, 13, 14, 17

위에 인용된 성경 구절에 의하면 인간이 구원을 얻는 세 단계는 무엇일까요?
(1) 고백하는 것
(2) 믿는 것
(3) 받아들이는 것

13절에 의하면 누가 구원받을 수 있을까요? (누구든지)
17절에 의하면 믿음은 어디에서 옵니까? (하나님의 말씀을 들음으로)

그가 우리에게 말하기를 천사가 내 집에 서서 말하되 네가 사람을 욥바에 보내어 베드로라 하는 시몬을 청하라 그가 너와 네 온 집이 구원받을 말씀을 네게 이르리라 함을 보았다 하거늘   행 11:13-14

하나님께서는 고넬료에게 베드로를 청하여 구원의 말씀을 배우라고 하셨습니다.
"너희는 온 천하에 다니며 복음을 전파하라"
이것은 예수님께서 그의 제자들에게 말씀하신 마가복음 16:15-18의 대사명Great Commission입니다.
고넬료는 아직 이 영광스러운 복음을 듣지 못했고 그는 구원받지 못한 상태였습니다. 하나님은 고넬료에게 구원 계획을 배우기 위해 사람을 보내어 베드로를 청하라고 하셨습니다. 왜 고넬료가 베드로를 부르러 사람을 보냈어야만 할까요? 왜 천사가 고넬료를 위해 구원 계획을 설명할 수 없었을까요?(천사들은 복음을 전할 수가 없습니다. 하나님은 이 일을 인간에게 주셨기 때문입니다) "그가 너와 네 온 집이 구원받을 말씀을 네게 이르리라"고 한 이 구절은 사람이 말씀을 들음으로 구원받는다는 것을 알려 줍니다! 그 이유는 믿음은 들음에서 나고 들음은 하나님의 말씀으로 말미암았기 때문입니다(롬 10:17).

병고침을 위한 믿음

거기서 복음을 전하니라 루스드라에 발을 쓰지 못하는 한 사람이 앉아 있는데 나면서 걷지 못하게 되어 걸어 본 적이 없는 자라 바울이 말하는 것을 듣거늘 바울이 주목하여 구원받을 만한 믿음이 그에게 있는 것을 보고 큰 소리로 이르되 네 발로 바로 일어서라 하니 그 사람이 일어나 걷는지라 행 14:7-10

한 사람이 성경을 읽다가 말했습니다.
"바울이 그 사람을 치료한 것이 놀랍지 않나요?"
그러나 바울은 그 사람을 고치지 않았습니다. 바울이 사도였기 때문에 그 사람이 병고침 받은 것이 아닙니다. 그 사람에게는 그 사람 자신의 믿음이 있었습니다.

바울은 세 가지 일을 했습니다.
(1) 복음을 전했습니다(7절).
(2) 그 사람이 병 나을 만한 믿음이 있음을 알았습니다(9절).
(3) 바울은 그 사람에게 일어나 걸으라고 말했습니다.

그 사람도 세 가지 일을 했습니다.
(1) 바울이 복음을 전파하는 것을 들었습니다(9절)

(2) 병고침 받을 만한 믿음을 가지고 있었습니다(9절).

(3) 일어나 걸었습니다.

그 사람은 바울이 가지고 있던 어떤 능력으로 병고침을 받은 것이 아닙니다. 그 사람은 이미 자신 속에 병나을 만한 믿음을 가지고 있었습니다. 그 사람이 병고침을 받을 만한 믿음을 어디서 얻었을까요? 바울이 말하는 것을 들음으로 얻을 수 있었습니다. 바울은 무엇을 말했을까요? 그는 복음을 전파했습니다. 바울은 구원과 병고침에 관한 복음을 전파했습니다.

"내가 복음을 부끄러워 아니하노니 이 복음은 모든 믿는 자에게 구원을 주시는 하나님의 능력이 됨이라 먼저는 유대인에게요 그리고 헬라인에게로다"(롬 1:16)

스코필드 성경 각주에는 이 구절들에 대해 다음과 같이 말하고 있습니다.

"그리스어와 히브리어의 구원이란 단어는 귀신들로부터 자유해지는 개념ideas of deliverance, 안전safety, 보전preservation, 병고침healing, 평온함soundness 등을 포함하고 있습니다."

그러므로 바울은 이렇게 말하고 있는 것입니다.

"내가 복음을 부끄러워 아니하노니 이 복음은 믿는 자에게 귀신들로부터 자유케 하며, 안전하게 하며, 우리를 보전하며, 우리의 병을 고치며, 평온케 함을 주시는 하나님의 능력입니다."

바울은 부분적인 복음을 전한 것이 아니고 온전한 복음, 순복음Full Gospel을 전했습니다.

> 빌립이 사마리아 성에 내려가 그리스도를 백성에게 전파하니 무리가 빌립의 말도 듣고 행하는 표적도 보고 한마음으로 그가 하는 말을 따르더라 많은 사람에게 붙었던 더러운 귀신들이 크게 소리를 지르며 나가고 또 많은 중풍병자와 못 걷는 사람이 나으니 그 성에 큰 기쁨이 있더라 행 8:5-8

위의 성경에 기록된 위대한 이적들은 빌립이 그리스도를 전파함의 결과로 나타났습니다. 신약 성경에서 그리스도는 언제나 병을 치유하는 그리스도입니다. 육체적 치유는 복음의 한 부분입니다. 만일 오늘날 치유하는 복음Gospel of healing이 없다면 구원의 복음Gospel of salvation도 존재하지 않을 것입니다.

행동하는 믿음

오랜 침례교 목사로 알려진 P. C. 넬슨Nelson은 이렇게 말했습니다.

"치유는 복음이란 소포의 일부분입니다."

1921년 미시간주 디트로이트에 있는 한 교회에서 목회하던 중, 그는 교통사고를 당했습니다. 의사들은 그의 왼쪽 다리를 잘라야 할 것이라고 말했습니다. 만일 운이 좋아서 자르지 않는다고 해도 그 다리는 막대기처럼 뻣뻣이 굳을 것이라고 했습니다.

그가 침대에 누워있는데, 야고보서 5장 14, 15절 말씀이 떠올랐습니다.

"너희 중에 병든 자가 있느냐 그는 교회의 장로들을 청할 것이요 그들은 주의 이름으로 기름을 바르며 그를 위하여 기도할지니라 믿음의 기도는 병든 자를 구원하리니 주께서 그를 일으키리라 혹시 죄를 범하였을지라도 사하심을 받으리라"

넬슨 박사는 그의 교회에서는 이런 일을 하고 있지 않다고 주님께 핑계를 대려고 했습니다. 주님께서는 이런 것들을 믿는 성령 충만함을 받은 네 명의 친구를 상기시켜 주시며 그들을 청하여 기도를 받으라고 하셨습니다. 그들은 넬슨 박사의 집으로 왔고, 그에게 기름을 바르며, 믿음의 기도를 했습니다. 그는 병고침을 받았습니다. 다리를 자를 필요도 없었고 막대기처럼 굳어지지도 않았습니다.

"믿음은 들음에서 오며 들음은 하나님의 말씀으로 말미암습니다."

수년 전 나는 침례교도 소년으로 병석에 누워 있었습니다. 드레이크Drake 할머니의 감리교 성경을 읽으면서 비로소 나는 부분적인 복음을 들었을 뿐 순복음Full Gospel을 들어본 적이 없다는 것을 깨달았습니다. 말씀을 읽으면 읽을수록, 내가 죽을 필요가 없다는 것을 알게 되었습니다. 성경을 공부하면 할수록 내가 나을 수 있다는 것을 깨닫게 되었습니다!

마귀는 물론 내게 의심과 불신앙을 불러 일으키고 있었습니다. 마귀는 나에게 병고침은 다 끝난 것이라고 했습니다. 다행스럽게도 '믿음도 다 끝난 것이다' 라는 말을 들어본 적이 없었습니다. 나는 '만일 하나님이 원하시면 고치실 거야' 라는 가르침과 싸워야만 했습니다(어쨌든 이런 말은 하나님이 병을 고칠 능력이 없다고 말하는 것보다 더 하나님을 모욕하는 말입니다).

나는 마가복음 5장 34절에서 예수님께서 열두 해 동안 혈루병을 앓던 여인에게 말씀하시는 것을 읽었습니다.

"딸아 네 믿음이 너를 구원하였으니 평안히 가라 네 병에서 놓여 건강할지어다"

예수님은 그의 능력이 그녀를 온전케 하였다고 말하지 않았습니다.

그는 "딸아 네 믿음이 너를 구원하였으니…"라고 말했습니다.

내가 이 구절을 보았을 때 만일 그녀의 믿음이 그녀를 온전케 하였다면 내 믿음 또한 나를 온전케 할 수 있다는 것을 알았습니다. 그리고 나의 믿음이 실제로 나를 온전케 했습니다. 하나님 감사합니다!

마비는 사라졌고 심장의 상태는 정상이 되었으며 그때 이후로 나는 이리 저리로 강단을 토끼같이 뛰어 다니며 50년이 넘게 풍성한 복음을 전하고 있습니다.

기억해야 할 구절

"믿음은 들음에서 나며 들음은 하나님의 말씀으로 말미암느니라"(롬 10:17)

02

믿음이란 무엇인가?

핵심 진리

믿음은 바라는 것(아직 존재하지 않는 것)을 붙잡아서grasping 실존의 영역으로 가져옵니다

믿음을 공부하는데 있어 열쇠가 되는 성경 구절은 우리에게 익숙한 구절로 바로 히브리서 11장 1절 말씀입니다.

"믿음은 바라는 것들의 실상이요 보이지 않는 것들의 증거니…"

모팻 번역본에서 이 구절은 "믿음은 우리가 소망하는 것에 대해 확신을 갖는 것이며 보지 못하는 것에 대한 확신입니다"라고 말하고 있습니다.

다른 번역본은 "믿음은 바라는 것에 대해 실제를 주며"라고 되어 있고 또 다른 번역본에는 "믿음은 우리가 바라던 것이 마침내 우리의 것이 되게 하는 보증서warranty deed입니다"라고 되어 있습니다. 하나님께서는 우리에게 믿음이 무엇인가에 대해 이와 같이 말씀하고 계십니다. 믿음에는 여러 종류가 있습니다. 모든 사람은 신자든 불신자든 타고난natural 일반적인 human 믿음을 가지고 있습니다. 그러나 위의 성경 구절은 초자연적 믿음 즉, 우리의 육체적 감각이 말하는 것을 믿는 믿음이 아니라 우리의 심령heart으로 믿는 믿음에 대해 말하고 있습니다.

다시 말하면 믿음은 바라지만 아직 존재하지 않는 것을 붙잡아서 실존의 영역으로 가져오는 것입니다. 그리고 믿음은 하나님의 말씀으로 말미암아 성장합니다.

본문은 "믿음은 보지 못하는 것의 증거"라고 표현하고 있습니다.

예를 들면, 당신이 지불해야 할 재정적 필요를 소망하는 경우, 믿음은 당신이 필요할 때 당신에게 돈이 있을 것이라는 확신을 줍니다. 당신이 해야 할 모든 일을 할 수 있는 육체적 강건함을 소망할 때 믿음은 "주님은 내 생명의 능력이시니 내가 누구를 무서워하리요"(시 27:1)라고 말합니다.

믿음은 하나님의 말씀에 있는 것만을 말합니다. 그러므로 하나님을 믿는 것은 전적으로 그의 말씀을 믿는 것입니다.

수년 전 병석에서 일어난 직후 나는 믿음에 대해 중요한 교훈을 배웠습니다. 나는 일자리가 필요했고 그 당시 대공황 중이었으므로 일자리를 구한다는 것은 쉽지 않았습니다. 나는 종묘상에서 복숭아 나무를 뽑는 일자리를 얻을 수 있었습니다. 종묘상에서 나는 나무의 반대쪽에 있는 다른 소년과 함께 2년된 나무를 뽑아야 했습니다. 그것은 참으로 힘든 일이었습니다. 더욱이 13개월이나 병석에 있다가 일어난 지 몇 달 밖에 안된 저에게는 무척 힘든 일이었습니다. 일꾼들은 점점 줄어 갔습니다.

"나는 자네가 오늘까지 해내지 못할 줄 알았네. 어제도 두세 사람이 그만 두었다네."라고 매일 누군가가 나에게 말하곤 했습니다.

그러면 나는 "주님이 아니었다면 저는 이 곳에 올 수 없었을 거예요. 하나님의 힘이 저의 힘입니다. 성경에 '주님이 내 생명의 능력'이라고 했는데, 생명은 영적인 것뿐 아니라 육체적인 것도 포함하니까요. 주님이 내 생명의 능력이십니다."라고 대답하곤 했습니다.

만약 내가 나의 느낌을 따라 움직였다면 나는 침대에서 일어날 수도 없었을 것입니다. 하지만 나는 믿음이 무엇인지 알았기 때문에 말씀에 의지하여 행동했습니다.

일하기 시작할 때까지 나는 어떤 힘도 받지 못했습니다. 많은 사람들은 먼저 받은 후에야 그들이 받았다는 것을 믿습니다. 믿음은 그런 식으로 역사하지 않습니다. 당신이 먼저 믿어야만 후에 당신은 받게 될 것입니다. 나는 매일 아침 침대로부터 몸을 간신히 일으켜서 일하러 갔는데 바로 하나님의 말씀을 의지하며 걸어갈 때 힘을 얻곤 했습니다. 내가 그 일꾼들 중에 가장 마르고 약한 사람이었지만 나는 그 일자리에 가장 마지막까지 있었던 사람입니다.

우리는 '하나님의 말씀은 좋은 것'이라고 말할 수 있지만 우리가 그 말씀대로 행동하여서 그 결과를 얻을 때까지는 진정으로 하나님 말씀이 얼마나 좋은 것인지 알 수 없습니다. 믿음은 바라는 것이 실제화되게 해 줍니다.

나는 일하러 갔고 하나님의 말씀대로 행동했습니다. 내가 맡겨진 일을 할 수 있는 육체적 강건함을 소망하며 하나님 말씀에 의지하여 행동할 때, 나의 믿음이 내가 바라던 그것을 실제화시킨 것입니다. 소망은 "나는 그것을 언젠가는 가지게 될거야"라고 말합니다. 그러나 믿음은 "나는 지금 그것을 가지고 있어"라고 말합니다.

머리에 있는 믿음과 심령에 있는 믿음

요한 웨슬리는 마귀가 교회에 믿음 대신에, 정말 믿음같아 보이고 믿음같이 들려서 극소수의 사람만이 구별해 낼 수 있는 대용품을 주었다고 말한 적이 있습니다. 이 대용품은 '지적 동의mental assent'라고 불립니다.

많은 사람들이 말씀을 읽고 또 그 말씀이 진리라는 것에 동의하지만 그들은 오로지 마음으로만 동의합니다. 이런 것들은 역사하지 않습니다. 하나님께로부터 무엇인가를 받을 수 있는 것은 심령에 있는 믿음 뿐입니다.

> 내가 진실로 너희에게 이르노니 누구든지 이 산더러 들리어 바다에 던져지라 하며 그 말하는 것이 이루어 질 줄 믿고 마음에 의심하지 아니하면 그대로 되리라 그러므로 내가 너희에게 말하노니 무엇이든지 기도하고 구하는 것은 받은 줄로 믿으라 그리하면 너희에게 그대로 되리라 막 11:23-24

우리가 심령으로 믿는 믿음이 있는지 아니면 지적으로 동의만 하고 있는지 어떻게 구별할 수 있을까요?

지적 동의는 "나는 하나님의 말씀이 진리라는 것을 압니다.

하나님께서 병고침을 약속하셨다는 것도 알지요. 그러나 어떤 이유 때문인지 모르지만 나는 병이 나을 수 없어요. 나는 그것을 이해할 수 없어요."라고 말합니다.

그러나 하나님의 말씀 안에서 진정한 믿음이 있는 사람은 "하나님의 말씀이 그렇다고 하면 그런 것입니다. 그것은 내 것입니다. 나는 지금 그것을 가지고 있습니다. 내가 지금 볼 수 없다 하더라도 나는 그것을 이미 가지고 있습니다."라고 말합니다.

"그렇지만 내가 기도해 온 것들이 아직 이루어지지 않았어요."라고 사람들은 말합니다.

당신이 이미 응답 받았다면 당신은 믿어야할 필요가 없고 그냥 당신이 그것을 가지고 있다는 것을 알 것입니다. 당신은 아는 단계에 이르기 위하여 믿음의 발을 내딛어야 합니다. 너무나 많은 사람들이 응답이 실제로 나타나는 것으로 말미암아 응답 받은 것을 알기 원하고, 응답이 나타날 때에야 믿습니다. 우리는, 하나님 말씀이 그것이 우리 것이라고 말하고 있기 때문에 그것을 믿어야 합니다. 그러면 그것이 실제적으로 나타나게 됩니다. 마가복음 11장 24절에 믿은 후에야 그대로 된다는 대목을 주목하여 보십시오.

"무엇이든지 기도하고 구하는 것은 받은 줄로 믿으라 그리하면 너희에게 그대로 되리라"

나는 내가 치유함을 받았다고 먼저 믿지 않고는 육체의 치유를 받아본 적이 없습니다. 내 몸의 모든 증상들은 "너는 병고침을 받지 못했다."고 소리 지르지만 나는 단순히 하나님 말씀이 내 병고침에 대하여 무엇이라고 말하고 있는지에 견고히 서서 "나는 치유함을 받았다."고 선포합니다. 그러면 결과가 나타납니다.

그러나 만일 내가 내 모든 증상들이 없어지고 내 믿음으로부터 어떤 느낌이 올 것을 기다리며 신음하고, 한숨 쉬며, 괴로워하고, 불평하며 앉아 있었더라면 나는 치유받지 못했을 것입니다. 왜냐하면 "믿음은 보지 못하는 것의 증거"이기 때문입니다.

도마의 믿음과 아브라함의 믿음

너무나 많은 그리스도인들이 아브라함의 믿음을 가져야 할 때 도마의 믿음을 가지고 있습니다.

아브라함은 "하나님의 약속을 의심치 않고 믿음에 견고하여"질 때 도마는 "내가 그를 보기 전에는 믿지 않겠노라"고 말합니다.

열두 제자 중의 하나로서 디두모라 불리는 도마는 예수께서 오셨을 때에 함께 있지 아니한지라 다른 제자들이 그에게 이르되 우리가 주를 보았노라 하니 도마가 이르되 내가 그의 손의 못 자국을 보며 내 손가락을 그 못 자국에 넣으며 내 손을 그 옆구리에 넣어 보지 않고는 믿지 아니하겠노라 하니라 여드레를 지나서 제자들이 다시 집 안에 있을 때에 도마도 함께 있고 문들이 닫혔는데 예수께서 오사 가운데 서서 이르시되 너희에게 평강이 있을지어다 하시고 도마에게 이르시되 네 손가락을 이리 내밀어 내 손을 보고 네 손을 내밀어 내 옆구리에 넣어 보라 그리하고 믿음 없는 자가 되지 말고 믿는 자가 되라 도마가 대답하여 이르되 나의 주님이시요 나의 하나님이시니이다 예수께서 이르시되 너는 나를 본 고로 믿느냐 보지 못하고 믿는 자들은 복되도다 하시니라   요 20:24-29

왜 도마는 예수님이 다시 사셨다는 말을 믿기가 어려웠을까요? 도마는 예수님의 손에 못이 박힌 것과 그의 옆구리에 창이 찔린 것을 알았습니다. 도마의 육체적인 감각들은 예수님이 죽으셨다고 그에게 말했습니다. 도마는 그 심령의 믿음을 사용하지 않고 그의 머리의 지식을 사용하고 있었습니다. 이제 아브라함의 믿음과 비교해 보십시오.

기록된 바 내가 너를 많은 민족의 조상으로 세웠다 하심과 같으니 그가 믿은 바 하나님은 죽은 자를 살리시며 없는 것을 있는 것으로 부르시는 이시니라 아브라함이 바랄 수 없는 중에 바라고 믿었으니 이는 네 후손이 이같으리라 하신 말씀대로 많은 민족의 조상이 되게 하려 하심이라 그가 백 세나 되어 자기 몸이 죽은 것 같고 사라의 태가 죽은 것 같음을 알고도 믿음이 약하여지지 아니하고 믿음이 없어 하나님의 약속을 의심하지 않고 믿음으로 견고하여져서 하나님께 영광을 돌리며 약속하신 그것을 또한 능히 이루실 줄을 확신하였으니

롬 4:17-21

도마의 믿음과 아브라함의 믿음의 차이를 주목해 보십시오.

도마는 "나는 보고 만져보지 않고는 믿을 수 없어요."라고 말하며 오직 타고난 일반적인 믿음natural, human faith만을 가지고 있었습니다. 그러나 아브라함은 자기 자신의 몸의 자연적 감각들과 관계없이 하나님 말씀을 믿었습니다. 아브라함이 육체적 지식이나 감각을 고려하지 않았다면 그가 고려한 것은 무엇이었을까요? (하나님 말씀입니다)

수년 전 나는 심장병으로부터 치유받고 많은 사람들이 그러듯이 믿음에 관한 말씀으로 갈등하고 있었습니다. 심장병의

증상이 다시 돌아오곤 했습니다. 심한 통증으로 고통받으며 기도하며 하나님 말씀에 서 있는 동안, 주님은 "자신의 몸 상태를 고려하지 않았던" 아브라함의 믿음을 나에게 상기시키곤 하였습니다. 주님은 나에게 내 몸의 상태에 따라 움직이지 말고 하나님 말씀 위에 서야 한다고 알려 주셨습니다. 내가 이렇게 하나님의 말씀 위에 서서 "그가 우리의 연약함을 담당하시고 병을 짊어지셨다"는 말씀과 같이 병고침에 대한 하나님의 약속의 말씀을 반복할 때 내 몸의 모든 증상들은 떠났습니다.

너무나 많은 경우, 우리는 잘못된 것에 우리의 주의를 집중하곤 합니다. 하나님의 말씀을 바라보기보다 우리 육체와 그 증상들에게 더 많은 관심을 두는 것이 그것입니다.

내가 방문하였던 한 교회에 어떤 여인이 있었는데, 그녀는 항상 "저를 위해 기도해 주세요. 제가 암에 걸린 것 같아요." 하고 그녀의 간증을 마치곤 했습니다. 그녀가 그렇게 계속 믿고 있으면 그녀는 암에 걸릴 것입니다.

(예수님께서 "네 믿음대로 될지어다"라고 말씀하셨습니다)

또 다른 한 사람은 "저를 위해 기도해 주세요. 감기가 오고 있는 것 같아요."라고 말하며 기도 요청을 했습니다. 만일 당신이 그렇게 믿고 있다면 내가 기도해 주는 것도 별 소용이 없습니다. 왜냐하면 "너의 믿음대로 될지어다"(마 9:29)라고 성경이 말씀하기 때문입니다. 우리는 보는 것으로 행하지 말고 믿음으로 일해야 합니다.

어떤 사람들은 이런 가르침에 대하여, 내가 사람들에게 모든 증상을 부인하고 마치 그런 증상조차도 없는 것처럼 행동하라고 말했다고 오해를 합니다. 그들은 내가 크리스천 사이언스Christian Science를 가르치고 있다고 생각합니다. 그러나 이것은 크리스천 사이언스가 아니고 크리스천의 상식입니다. 우리는 실제적인 고통이나 증상들을 부인하는 것이 아니고 그런 고통과 증상을 초월하는 하나님의 약속을 바라보는 것입니다. 말씀 안에 있는 진짜 믿음은 "하나님께서 그렇다고 말씀하셨으면 그런 거야."라고 말합니다. 하나님께서 "그가 채찍에 맞음으로 내가 나음을 얻었도다"라고 말하셨으면 나는 나은 것입니다. 하나님께서 "나의 하나님께서 너의 모든 쓸 것을 채우시리라"고 말하셨으면 그가 채우십니다. 하나님께서 "주님은 내 생명의 능력이시다"라고 말하셨으면 그는 내 생명의 능력인 것입니다.

다시 말하면 진짜 믿음은 단순히 말씀이 말하는 것만을 자신에게 말합니다. 진짜 믿음은 말씀 위에 세워집니다. 우리는 말씀을 묵상해야 하는데, 음식을 먹으면 그것이 우리 몸의 일부가 되듯 깊이 파고 들어가 말씀을 먹을 때 말씀은 우리의 일부가 됩니다. 음식이 사람의 육체에 양식인 것처럼 말씀은 사람의 영에 양식입니다. 말씀은 우리 안에 자신과 확신을 세워줍니다.

기억해야 할 구절

"믿음은 바라는 것들의 실상이요 보이지 않는 것들의 증거니" (히 11:1)

03

믿음과 소망

핵심 진리

긍정적인 결과를 얻기 위해 긍정적인 믿음 즉, 현재적인 믿음이 있어야 합니다.

바울이 고린도 교인에게 "그런즉 믿음 소망 사랑 이 세 가지는 항상 있을 것인데 그 중에 제일은 사랑이라"(고전 13:13)고 했는데, 이 말씀은 소망과 믿음이 중요하지 않다는 것을 의미하는 것은 아닙니다. 이 세 가지는 각자 고유한 것이고 어느 하나도 다른 것을 대신할 수 없습니다. 아직도 많은 사람들이 믿음보다는 소망에 의지해서 하나님으로부터 오는 것을 받으려고 노력합니다.

믿음은 현재형입니다

소망은 미래 시제이며 항상 미래를 바라봅니다. 그러나 믿음은 현재입니다. 믿음은 "나는 지금 바로 응답을 받을 것이다. 나는 지금 그것을 가지고 있다."고 말합니다. 믿음은 일이 되어지기를 바라고 있는 것이 아니고 지금 현재 믿고 있는 것입니다.

어떤 사람은 "나는 언젠가 병고침을 받을 것이라고 믿어요."라고 말하는데 그것은 믿음이 아니고 소망입니다. 왜냐하면 그것은 막연한 미래를 바라보고 있기 때문입니다. 믿음은 "나는 바로 지금 병고침을 받습니다."라고 말합니다.

신약 성경의 한 현대어 번역은 히브리서 11장 1절의 말씀을 "믿음은 소망하던 것들을 실제화시켜 줍니다"라고 했습니다. 만일 당신에게 병고침이 필요하다면 당신은 그것을 미래에 원하지 않고 지금 당장 원할 것입니다. 만약 당신이 고통스럽다면 더하겠지요. 당신이 성령 세례를 원한다면 당신은 막연한 미래가 아닌 지금 받기를 원할 것입니다. 만일 당신에게 구원이 필요하다면 당신은 그것을 미래까지 미루지 않을 것입니다. 너무 늦어버릴 지도 모르니까요.

나는 구원받기를 소망하는 사람들과 이야기한 적이 있습니다.

그들 중의 몇 사람은 지금 죽었습니다. 소망에 근거한 구원은 결코 결실할 수 없으므로 그들은 구원받지 못하고 이 세상을 떠났습니다.

> 너희는 그 은혜에 의하여 믿음으로 말미암아 구원을 받았으니 이것은 너희에게서 난 것이 아니요 하나님의 선물이라 행위에서 난 것이 아니니 이는 누구든지 자랑하지 못하게 함이라
>
> 엡 2:8-9

> 네가 만일 네 입으로 예수를 주로 시인하며 또 하나님께서 그를 죽은 자 가운데서 살리신 것을 네 마음에 믿으면 구원을 받으리라 사람이 마음으로 믿어 의에 이르고 입으로 시인하여 구원에 이르느니라 … 누구든지 주의 이름을 부르는 자는 구원을 받으리라
>
> 롬 10:9-10, 13

위의 성경 구절들은 인간을 구원 계획으로 인도해 주는 구절들입니다.

우리는 소망으로 구원받은 것이 아니고 믿음으로 구원받았다는 것을 알 수 있습니다. 예수님께서는 "그에게 오는 자는 내어쫓지 않을 것이며, 누구든지 주의 이름을 부르는 자는 구원을

얻으리라"고 약속하셨습니다. 그러므로 우리는 주님께서 우리를 구원해 주시기를 소망할 필요가 없습니다. 주님은 구원하신다고 말씀하셨습니다.

우리는 어떻게 믿음을 얻는가?

믿음은 하나님의 말씀으로 말미암아 자랍니다. "믿음은 들음에서 나며 들음은 하나님의 말씀으로 말미암았느니라" (롬 10:17)

다른 번역본에는 "믿음은 당신이 바라던 것이 마침내 당신 것이 되게 하는 보증서입니다"라고 했습니다. 히브리서 11장 1절을 읽어보면 믿음은 "보지 못하는 것의 증거"라고 했습니다. 다시 말하자면, 당신이 갚아야 할 재정의 필요가 채워지기를 소망하는 경우에 믿음은 당신이 돈이 필요할 때 돈을 가지고 있을 것이라는 확신을 줍니다. 당신이 꼭 해야 할 일을 하기 위해 육체적 힘을 소망할 경우에도 믿음은 "주님 내 생명의 능력입니다" (시 27:1)라고 말합니다. 다른 말로 바꾸면 믿음은 하나님의 말씀이 말하는 것과 똑같은 것을 말합니다.

불신앙은 하나님의 말씀과 반대되는 쪽에 섭니다. 어떤 사람들은 불신앙을 말하고 하나님의 말씀의 반대편어 서고는 왜 하나님의 말씀기 역사하지 않는지 의아해 합니다. 만일 하나님의 말씀이 으리에게 역사하기 원한다면 우리는 하나님의 말씀에 동의해야만 합니다.

집회를 인도할 때 기도 받으러 강단 앞으로 나온 사람들에게 병고침 받을 것을 믿느냐고 물어보면 종종 "글쎄요, 저는 병고침 받을 것을 간절히 소망합니다."라고 말합니다. 나는 그들에게 우리는 하나님으로부터 무엇인가 받을 때 소망으로 받는 것이 아니고 믿음으로 받는 것이기 때문에 그들은 치유함을 받을 수 없다고 말합니다.

어떤 사람들은 "글쎄요, 나는 병고침 받기를 원합니다."라고 대답합니다. 그러나 나는 "당신이 새 캐딜락 차를 원한다고 해서 당신이 그것을 갖게 되지는 않습니다. 단지 원함이 무슨 일을 이루어지게 하지는 않습니다."라고 말합니다.

어떤 일이 이루어지게 하는 것은 소망이나 원함이 아니고 바로 믿음인 것입니다. 당신이 소망함으로 하나님께 받지 않습니다. 성경 어디에도 우리가 기도할 때 우리가 바라는 것을 받는다고 되어 있는 구절은 없습니다. 하나님의 말씀은 "…너희가 기도할 때에 구한 것들은 무엇이나 받은 것으로 믿으라 그리하면 너희에게 그대로 되리라"(막 11:24)고 말합니다. 예수님께서는 "너희가 기도할 때에 무엇이든지 믿고 구하는 것은 다 받으리라"(마 21:22)고 하셨습니다. 지금은 소망할 때가 아니라 믿을 때입니다. 히브리서 11장 1절의 믿음에 대한 정의를 주목하여 보십시오. "믿음faith is은 바라는 것들에 대한 실상이요 보이지 않는 것들에 대한 증거니" 이 말씀에서 동사 'is'는 현재 시제입니다.

기억하십시오. 만일 현재가 아니면 그것은 믿음이 아닙니다. 믿음은 현재 시제이고, 소망은 미래 시제입니다. 당신이 입으로 "믿는다."고 말한다 할지라도 만일 당신이 그것을 미래에 놓고 있다면 당신은 믿고 있는 것이 아니고 단지 소망하고 있는 것입니다. 그것이 역사하려면 시제를 바른 시제 즉, 현재 시제로 바로 고쳐야만 합니다.

어떤 사람들은 항상 하나님께서 그들을 위해 무엇인가 해 주실 것을 믿지만, 믿음은 하나님께서 벌써 하셨고 또 하고 계신 것을 믿는 것입니다.

수년 전, 내가 오클라호마에서 말씀을 전하고 있는 동안 어떤 사람이 4년 동안 한 발자국도 걸을 수 없었던 여인을 기도 받도록 데려온 적이 있었습니다. 그녀는 70대였는데 의사들은 그녀가 다시는 걸을 수 없다고 말했습니다. 집회가 끝나갈 무렵 병자를 위한 기도를 하려고 할 때 그녀의 친구가 그녀를 앞으로 데리고 나와 강단에 앉혔습니다. 나는 그녀 앞에 무릎 꿇고 앉아서 손을 얹고 기도했습니다. 그리고 나는 "예수 그리스도 이름으로 이제 일어나 걸으세요."라고 말했고 그녀는 일어나려고 최선을 다하여 애쓰며 울며 기도하였습니다. "오 주님, 나를 고쳐 주세요. 제발 걷게 해 주세요. 오, 제발 … 제발!" 이런 헛된 말이 잘못된 것이라고 조용히 시킬 때까지 그녀는 계속 말했습니다.

"내가 나았다구요?"

"네, 그래요. 당신이 나았다는 것을 내가 성경에서 증명해 드리지요."

나는 베드로전서 2장 24절을 펴서 그녀에게 건네주며 큰 소리로 읽으라고 했습니다.

"친히 나무에 달려 그 몸으로 우리 죄를 담당하셨으니 이는 우리로 죄에 대하여 죽고 의에 대하여 살게 하려 하심이라 저가 채찍에 맞음으로 너희는 나음을 얻었나니 by whose stripes ye were healed"

나는 그녀에게 마지막 구절을 다시 한 번 읽으라고 했습니다.

"…저가 채찍에 맞음으로 너희는 나음을 입었나니…"

그리고 나는 그녀에게 물었습니다.

"나음을 입었다는 것이 과거 시제일까요? 미래 시제일까요?

아니면 현재 시제일까요?"

"과거 시제입니다."

"예수께서 채찍에 맞음으로 자매님이 나았다면 당신은 지금 나은 것입니다. 그렇지 않아요?"

새로운 깨달음으로 그녀 얼굴 위에는 미소가 번졌고 그녀의 눈은 반짝였습니다.

"당신 손을 들고 주님을 바라보세요. 병이 나았으니 주님을 찬양하기 시작하세요. 당신은 병이 나을 것이 아니고 지금 나았습니다."

어린 아이 같은 믿음으로 그녀는 말했습니다.

"주 예수님, 제 병이 나았기 때문에 저는 참 기뻐요."

"자매님, 이제 예수 이름으로 일어나 걸으세요."

즉시 그녀는 16세 소녀와 같이 강단을 뛰어 내려와 걷기도 하고 뛰기도 하고 달리기도 하며 하나님을 찬양했습니다.

위에서 우리는 그녀가 바른 시제를 가질 수 있도록 도와 주어야 했습니다. 왜냐하면 믿음은 현재 시제이기 때문입니다. 우리가 언젠가 응답되는 것을 보기를 소망하며 받으려고 애쓰고 있는 한 그것은 역사하지 않습니다. 그것은 단지 소망일 뿐입니다. 믿음은 "그것은 내 것이야. 나는 지금 그것을 가지고 있어"라고 말합니다.

제대로 사용되어지는 소망은 가장 축복되고 아름답습니다. 우리는 우리 주 예수 그리스도가 곧 다시 오시리라는 것이나 죽은 의인의 부활과 살아있는 성도의 휴거와 천국에 대한 소망, 사랑하는 사람이나 친구들을 천국에서 다시 볼 축복된 소망들을 가지고 있습니다. 이런 소망들로 인하여 주님께 감사합니다. 이 모든 것은 미래 시제입니다. 그러나 우리가 믿든 안 믿든 주님은 다시 오십니다. 성경이 그렇게 말했으므로 주님은 오십니다. 우리가 믿든 안 믿든 부활은 일어날 것입니다. 우리가 믿든 안 믿든 주 안에서 죽은 자들이 일어나 공중에서 주님을 만날 것입니다.

우리가 믿음이 있든지 또는 믿음이 모자라든지, 이런 일들이 일어나는 것에 어떠한 영향도 미치지 않습니다. 주님은 다시 오십니다. 성경이 그렇게 말하고 있기 때문입니다. 이것이 모든 그리스도인이 열망하고 있는 축복된 소망입니다.

그러나 불가능을 가능케 변화시키는 것은 바로 믿음입니다. 치유함과 승리를 가져오는 것도 소망이 아니고 바로 믿음입니다. 소망은 잘 기다리는 자이지만 잘 받는 자는 아닙니다 Hope is a good waiter, but a poor receiver. 너무나 많은 경우, 사람들은 "나는 소망하면서 기도하고 있어요." 혹은 "우리가 할 수 있는 일은 소망하며 기도하는 것 뿐이에요."라고 말할니다. 만일 그것이 당신이 하고 있는 일의 전부라면 당신은 패배한 것입니다. 긍정적인 좋은 결과를 얻기 위해서는 긍정적인 믿음, 즉 현재 시제의 믿음이 있어야만 합니다.

기억해야 할 구절

"그런즉 믿음 소망 사랑 이 세 가지는 항상 있을 것인데 그 중의 제일은 사랑이라"(고전 13:13)

04

믿음은 응답을 바라봅니다

핵심 진리

하나님의 말씀을 지속적으로 바라봄으로 믿음은 응답을 보는 것입니다.

믿음이란 것은 우리가 무엇인가를 가지고 있는 것이라기보다는 우리가 무엇인가 행하는 것임을 지난 과에서 배웠습니다. 믿음은 미래에 응답 받을 것을 소망하는 것이 아니라는 것도 알았습니다. 믿음은 우리가 그 응답을 현재 가지고 있다는 것을 믿는 것입니다. 믿음의 눈은 이미 성취된 응답을 바라봅니다.

내 아들아 내 말에 주의하며 나의 말하는 것에 네 귀를 기울이라
그것을 네 눈에서 떠나게 하지 말며 네 마음속에 지키라 그것은
얻는 자에게 생명이 되며 그 온 육체의 건강이 됨이니라

잠 4:20-22

이 성경 구절에서 "그것을 (내 말을) 네 눈에서 떠나지 말게 하며…"라고 한 것을 주목하여 보십시오. 많은 사람들은 그들 자신이 실패하는 것을 바라봄으로 실패합니다. 만일 그들이 병들었다면 자신이 마치 죽어가고 있는 것같이 생각하지요. 하나님은 "그가 (예수님이) 우리의 연약한 것을 담당하시고 우리의 병을 짊어지셨도다"(마 8:17)라고 말씀합니다. 만일 하나님 말씀을 당신의 눈으로부터 떠나지 않게 하면 당신은 반드시 병이나 질병이 없는 자신을 볼 것입니다. 당신의 건강한 모습을 보게 될 것입니다.

만일 당신이 질병이 없는 당신 자신을 볼 수 없다면 말씀이 당신 눈으로부터 멀어져 있는 것이 분명합니다. 그리고 하나님께서 당신을 건강하게 하시고 싶어도 하실 수 없습니다. 왜냐하면 당신이 하나님의 말씀대로 행하고 있지 않기 때문입니다.

22절을 주목하여 보십시오. "그것은 얻는 자에게 생명이 되며 그 온 육체에 건강이 됨이니라" '건강' 이라고 해석된 히브리어

단어는 '약'이라는 단어로도 쓰입니다. 다시 말하면 "내 말은 그 온 육체에 약이 됨이니라"고도 할 수 있습니다.

이 인용 구절의 처음 두 구절은 이 약을 먹는 방법을 우리에게 말해주고 있습니다. 먹는 방법은 무엇일까요? "주의하며 attend to", 또는 하나님의 말씀을 공부하며 "네 심령heart 속에 지키라" 또는 말씀에 순종하는 것입니다.

그러면 '하나님의 약God's medicine'이란 무엇일까요? 하나님의 말씀입니다.

"내 말은 얻는 자에게 생명이 되며 그 온 육체에 약이 됨이라" 그러나 약은 그 효과를 발휘하기 위하여 바른 방법으로 복용되어야만 합니다. 그 방법 중의 하나는 "그것(내 말)이 네 눈에서 떠나지 말게 하며"입니다. 하나님의 말씀이 말하는 바를 지속적으로 바라보십시오. 많은 사람들은 기도하고 또 기도하지만, 그들 자신이 응답 받은 것만을 바라보지 못합니다. 오히려 그들은 모든 것이 더 나빠지는 것을 바라봅니다. 그들은 계속 잘못된 것 – 증상들이나 조건들 – 을 바라봄으로 불신앙 가운데 걷게 되고 그들이 한 기도의 효과를 파괴해 버립니다.

응답 받은 것을 마음에 두십시오. 이미 받은 것을 바라보십시오. 비록 눈에 보여지는 증거들이 반대될지라도 하나님의 말씀이 그렇게 말하기 때문에 하나님께서 당신의 기도를 들으신 것을 계속적으로 단언하십시오. 바로 그때가 당신이 결과를 얻을 때입니다. 당신이 그것을 얻기 전에 그것을 가지고 있다는 것을 먼저 믿어야 합니다.

"무엇이든지 기도하고 구하는 것은 받은 줄로 믿으라 그리하면 너희에게 그대로 되리라"(막 11:24)

"내가 보기 전에는 아무것도 믿을 수 없어요."라고 말하는 사람들도 있습니다. 그러나 우리가 사는 세계 속의 많은 일들을 볼 수는 없지만 믿습니다.

원자탄이 폭발했을 때 공중에 방사성 물질이 퍼져나가는 것으로 전 세계는 놀랐습니다. 우리가 그것을 볼 수도 없고 느낄 수도 없지만 두말할 나위 없이 그것에는 파괴적인 힘이 있습니다.

믿음은 환경을 부인합니다

돈을 사랑하지 말고 있는 바를 족한 줄로 알라 그가 친히 말씀하시기를 내가 결코 너희를 버리지 아니하고 너희를 떠나지 아니하리라 하셨느니라 그러므로 우리가 담대히 이르되 주는 나를 돕는 이시니 내가 무서워 하지 아니하겠노라 사람이 내게 어찌하리요 하노라
히 13:5-6

우리는 담대하게 "주님은 나를 돕는 자"라고 말하고 있습니까? 그렇게 말해야 합니다.

"저를 위해서 기도해 주세요. 주님께서 나를 버린 것같이 느껴져요. 제가 잘 해낼 수 있을지 없을지 잘 모르겠어요. 잘 할 수 있으면 좋겠어요. 끝까지 신실하지 잘 견딜 수 있도록 기도해 주세요." 한 가련은 자매는 말했습니다. 이러한 식의 기도 요청들은 기도회나 간증 모임에서 매우 익숙하게 들어온 것입니다. 그러나 이런 것들은 하나님께서 우리에게 말하라고 하신 것들이 아닙니다!

많은 사람들이 용감하게 "나는 얻어맞고 실패했어. 마귀가 나를 묶어 버렸어"라고 말하지만 성경 어느 곳에도 그런 것을 말하라고 한 것은 찾아 볼 수 없습니다. 하나님께서 말씀하셨습니다.

"내가 과연 너희를 버리지 아니하고 너희를 떠나지 아니하리라 그러므로 우리가 담대히 가로되 주는 나를 돕는 자시다"

이제 더 이상 잘못된 것을 말하지 말고 옳은 것을 말합시다. 주님이 당신을 돕는 자라고 말하십시오. 주께서 당신의 연약함을 담당하시고 병을 짊어지셨다고 말하십시오. 계속 옳은 것만을 말하십시오. 계속 옳은 것만을 믿으십시오. 잘못 생각하는 것과 잘못 믿는 것과 그리고 잘못 말하는 것이 당신을 실패하게 할 것입니다. 예수님께서 당신을 위하여 마귀를 이미 이기셨으므로 마귀는 당신을 실패하게 만들 수 없습니다. 사단은 당신을 실패하게 할 수 없습니다. 실패하게 하는 것은 바로 당신 자신입니다. 만일 사단이 당신을 실패시킨다면 그것은 당신이 사단에게 그렇게 하도록 허락했기 때문입니다. 그것은 '무식한 동의 Consent of ignorance' 입니다.

하나님은 우리를 바르게 믿도록 하기 위해 그의 말씀을 주셨습니다. 만일 우리가 바르게 생각하고 바르게 믿는다면 우리가 말하는 것도 바르게 말할 것입니다.

"주님은 나를 돕는 자이십니다."

"주님은 나의 능력이십니다."

믿음은 응답을 말합니다

말씀 안에서의 진짜 믿음은 하나님께서 그렇다고 말씀하시면 그것은 바로 그런 것이라고 말합니다.

만일 하나님이 "…그가 채찍에 맞음으로 네가 나음을 얻었나니"(벧전 2:24)라고 말씀하셨으면 우리는 나은 것입니다. 만일 하나님이 말씀하시길 "나의 하나님이 그리스도 예수 안에서 영광 가운데 그 풍성한 대로 너희 모든 쓸 것을 채우시리라"(빌 4:19)라고 하셨으면 그분이 채우십니다. 하나님 말씀이 "…주님은 내 생명의 능력이시다"(시 27:1)라고 말했으면 그분은 나의 능력이십니다. 다시 말하면, 하나님 안에서 진짜 믿음은 단순히 성경이 말하고 있는 바를 말합니다.

말씀이 우리가 가지고 있다고 한 그것을 우리는 가지고 있습니다. 말씀이 우리가 누구라고 한 것과 같이 우리는 그런 사람입니다. 만일 우리가 강건하다고 말하시면 우리는 강건한 자입니다.

말씀이 "우리가 나음을 얻었다."고 하면 우리는 나은 것입니다. 말씀이 "우리를 돌보고 계신다."고 하면 하나님은 우리를 돌보십니다.

> 그러므로 우리에게 큰 대제사장이 있으니 승천하신 이 곧 하나님 아들 예수시라 우리가 믿는 도리를 굳게 잡을지어다
> 히 4:14

우리의 대제사장이신 예수께서 하나님 우편에 앉으셔서 우리를 위해 중보하고 계시므로 우리는 구한 것들을 지금 응답으로 가질 수 있습니다.

믿는 도리Profession라고 번역된 헬라어 단어를 찾아보고 "똑같은 것을 말하는 것을 우리가 굳게 잡읍시다."라고 풀이 되어야 한다는 것을 배우게 되었습니다.

예수님은 하늘나라 하나님의 보좌에서 우리를 대신하고 계십니다. 예수님은 "내가 그들 대신에 그들을 위해 죽었습니다."라고 말하고 계십니다. 예수님은 그분 자신을 위해 죽으시지 않았습니다. 예수님은 죄가 없으시므로 그분 자신을 속량하실 필요가 없었습니다. 그분은 우리를 위해 죽으셨습니다. 그분은 우리의 대속물이 되신 것입니다. 그분은 우리의 죄를 가져가셨습니다. 우리의 질병을 짊어지셨습니다. 그분은 우리를 위해 죽으셨고 우리를 위해 죽음에서 일어나셔서 우리를 위해 승천하셨습니다. 그분은 그곳에서 "내가 그들을 위해 했습니다."라고 말하고 계시고 우리는 이곳에서 똑같은 것을 고백하는 것을 굳게 잡아야 합니다.

내가 진실로 너희에게 이르노니 누구든지 이 산더러 들리어 바다에 던져지라 하며 그 말하는 것이 이루어질 줄 믿고 마음에 의심하지 아니하면 그대로 되리라　　　막 11:23

당신이 아무것도 말하지 않는데 당신의 심령에 있는 하나님을 향한 믿음만으로 되는 것은 아닙니다. 그것은 역사하지 않습니다. 성경 어느 곳에도 그렇게 하라는 대목은 없습니다.

당신 심령 속에만 있는 믿음은 당신의 몸에 병고침을 주지 못하고 성령 충만함도 줄 수 없으며 기도의 응답도 줄 수 없습니다. 그러나 당신의 심령 속에 있는 믿음이 당신의 입술로 내보내(고백이 되어)질 때에야 그 결과를 가져옵니다.

기억해야 할 구절

"그것(내 말)을 네 눈에서 떠나게 하지 말며"(잠 4:21)

05

행동하는 믿음 (1부)

핵심 진리

큰 이적들은 하나님 말씀에 의지하여 행동한 사람들에 의해 행하여 졌습니다.

신약과 구약 안에서 우리는 하나님의 사람들이 어떻게 그들의 믿음을 행동으로 옮김으로써 위대한 일들을 이루었는지 많은 모범을 볼 수 있습니다. 큰 이적들은 단순히 믿는 믿음 안에서 하나님의 말씀에 의지하여 행동한 겸손한 사람들에 의해 행하여졌습니다.

구약에 나타난 행동하는 믿음

여호와께서 여호수아에게 이르시되 보라 내가 여리고와 그 왕과 용사들을 네 손에 넘겨 주었으니 너희 모든 군사는 성을 둘러 성 주위를 매일 한 번씩 돌되 엿새 동안을 그리하라 제사장 일곱은 일곱 양각 나팔을 잡고 언약궤 앞에서 나아갈 것이요 일곱째 날에는 그 성을 일곱 번 돌며 그 제사장들은 나팔을 불 것이며 제사장들이 양각나팔을 길게 불어 그 나팔 소리가 너희에게 들릴 때에는 백성은 다 큰 소리로 외쳐 부를 것이라 그리하면 그 성벽이 무너져 내리리니 백성은 각기 앞으로 올라갈지니라 하시매 … 일곱 번째에 제사장들이 나팔을 불 때에 여호수아가 백성에게 이르되 외치라 여호와께서 너희에게 이 성을 주셨느니라 … 이에 백성은 외치고 제사장들은 나팔을 불매 백성이 나팔 소리를 들을 때에 크게 소리 질러 외치니 성벽이 무너져 내린지라 백성이 각기 앞으로 나아가 그 성에 들어가서 그 성을 점령하고   수 6:2-5, 16, 20

2절에서 하나님은 여호수아에게 여리고 성을 "네 손에 넘겨 주었다"라고 말씀하셨습니다. 이것은 여호수아와 이스라엘 사람들은 뒤로 물러 앉아서 쉬고 있어도 그 성이 자동적으로 그들의 것이 된다는 것을 뜻하는 것은 아닙니다. 그들은 무엇인가를 해야만 했습니다.

하나님께서는 이미 그들에게 주신 땅을 소유하기 위해 어떻게 해야 할 것인지 명확히 지시해 주셨습니다. 그러나 그들은 하나님의 말씀을 믿고 행동해야만 했습니다.

말씀에 의지하여 행동하는 것이 그들의 행동하는 믿음이었습니다. 그들은 6일 동안 매일 한 번씩 그 도시의 성을 돌며 행진하도록 되어 있었습니다. 제칠 일에는 그 도시를 일곱 번 행진하며 돌게 되어 있었습니다. 그 다음, 악기들이 소리를 낼 때 그들은 소리질러야 했었습니다.

그 성벽이 아직 꼼짝도 않고 서 있을 동안에 그들이 소리를 질렀다는 사실에 주목하십시오! 성벽이 무너질 때 소리를 지르는 것은 누구나 할 수 있는 일입니다. 그런 것은 믿음이 없이도 할 수 있습니다. 그러나 그들은 믿음을 행동으로 옮겼습니다. 그들은 "크게 소리 질러 외쳤습니다." 그리고 그 벽들은 무너져 내렸습니다!

너무나 많은 사람들이 그냥 앉아서 그들에게 무엇인가 되어지기를 기다립니다. 그들은 다소 무기력해서 활동적인 믿음보다는 수동적인 믿음으로 무엇인가 일어나기를 기다립니다.

나는 그런 사람을 몇 년 전 콜로라도에서 만났습니다. 그는 직장이 없었고 아내와 다섯 자녀가 있었는데 그저 무엇인가 뜻밖의 일이 생기기를 기다리고 있었습니다. 그러나 그에게 생긴 것은 더 많은 고지서들뿐이었습니다. 그는 바빠졌어야 합니다. 우리는 모두 어떠한 책임을 가지고 있습니다. 그저 집에 앉아서 무엇인가 우리에게 오기를 기다릴 수 없습니다. 그러나 만일 우리가 기도하고 믿고 행동한다면 그 어떤 일은 일어납니다.

신약에 나타난 행동하는 믿음

한 중풍병자를 사람들이 침상에 메고 와서 예수 앞에 들여놓고자 하였으나 무리 때문에 메고 들어갈 길을 얻지 못한지라 지붕에 올라가 기와를 벗기고 병자를 침상채 무리 가운데로 예수 앞에 달아 내리니 예수께서 저희 믿음을 보시고 이르시되 이 사람아 네 죄 사함을 받았느니라 하시니 … 그러나 인자가 땅에서 죄를 사하는 권세가 있는 줄을 너희로 알게 하리라 하시고 중풍병자에게 말씀하시되 내가 네게 이르노니 일어나 네 침상을 가지고 집으로 가라 하시매 그 사람이 그들 앞에서 곧 일어나 그 누웠던 것을 가지고 하나님께 영광을 돌리며 자기 집으로 돌아가니   눅 5:18-20, 24-25

예수께서 집 안에서 가르치는 동안 병고침을 얻기 위해 한 무리가 그들의 친구를 예수님께로 데려왔습니다. 그 사람은 중풍에 걸려서 침상에 누워 일어날 수 없는 상태였습니다. 군중이 너무 많아 그들은 예수님께로 갈 수 없었으나 포기하지 않고 친구를 예수께 데려가는 다른 방법을 찾기로 마음먹었습니다. 그들은 지붕으로 기어올라가서 기와를 벗기고 병자를 침상 채 주님 앞으로 달아 내렸습니다. 누구의 믿음으로 이런 이적이 일어났을까요? 같이 침대에 누워 있던 그 사람의 믿음일까요? 아니면 그를 주님께로 데려온 그의 친구들의 믿음일까요?

성경 구절은 "예수께서 그들의 믿음을 보시고…"라고 말합니다. '그들'이라는 단어는 복수입니다. 그들 모두의 믿음이었습니다. 그 병자의 친구들이 큰 무리가 예수님을 둘러싸고 있는 것을 보고 그들의 어깨를 으쓱 올리며 포기하고 "어쨌든 최소한 우리는 노력했으니까요. 우리는 최선을 다 했어요."라고 말하며 집으로 돌아 갈 수도 있었습니다. 그러나 그들은 그렇게 쉽게 포기하지 않았습니다. 그들은 예수께로 친구를 데려갈 수 있는 길을 발견했습니다.

그 병자도 큰 믿음을 보여 주었습니다. 병석에 누워 일어나지 못하던 많은 병자들 중 얼마가 그들이 지붕 위로 올려지는 것을 허락할까요? 더군다나 예수님이 그에게 일어나 걸으라고 말하실 때 그는 나아진 것이 없었습니다. 그는 여태까지 그랬듯이 아무 능력도 없이 거기에 누워 있었습니다. 그는 이렇게 말했을 수도 있습니다.

"일어나 걸으라고요? 당신은 이 사람들이 나를 여기까지 운반해 온 것을 보지 못하셨어요? 나는 절대 일어날 수 없어요. 당신이 나를 먼저 고쳐야만 합니다."

그러나 그 사람은 그렇게 말하지 않았습니다. 예수님이 그에게 일어나라고 말씀하셨을 때 그는 움직이기 시작했고, 그가 움직이기 시작할 때 병고침은 그 결과로 온 것입니다. 만일 그가 주님의 말씀에 의지하여 행동하는 것을 거절했다면 그는 병고침을 받지 못했을 것입니다. 그러나 그는 행동했으므로 병고침을 받았습니다.

20세기의 행동하는 믿음

오순절 운동의 초반기에 한 여자 전도자가 휠체어에 앉은 4명의 환자들에게 사역을 하고 있었습니다. 아주 작은 목소리로 그녀는 말했습니다.

"예수 이름으로 일어나 걸으세요."

그들 중 세 명은 일어나서 걸었습니다.

네 번째 사람은 "나는 걸을 수 없어요."라고 말했습니다.

"다른 분들도 마찬가지로 걸을 수 없었어요. 그러나 그들은 걸었어요."라고 전도자가 말했습니다.

"저도 그들이 걸은 것은 아는데요. 그래도 난 할 수 없어요. 저는 수년 동안 걷지 못했는걸요."

전도자는 휠체어에 앉은 여인을 그곳에 앉은 채로 남겨두고 떠날 수밖에 없었습니다. 다른 사람들은 그들의 믿음을 행동에 옮겼고 결과를 추수하였습니다. 내가 집회하던 한 교회에 하반신이 화상을 입어 걸을 수 없었던 사람이 있었습니다. 그는 겨우 일어서서 두 발을 바닥에 비비며 겨우 아주 조금씩 움직일 수 있었습니다.

어느 저녁 치유 집회 중 그가 기도 받기 위해 앞으로 나왔습니다. 주님께서 내가 해야 할 일이 무엇인지 가르쳐 주셨으므로 그에게 가까이 갔을 때 물었습니다.

"당신 뛸 수 있어요?" 이런 질문에 놀라서 그가 말했습니다.

"어휴, 아닙니다. 뛰는 것은 고사하고 걸을 수도 없는데요."

"주님께서 당신에게 뛰라고 말씀하십니다."

그 사람은 두 번 생각해 보지도 않고 뒤돌아서 그가 할 수 있는 한 최고로 빠르게 의자 사이 통로를 두 발로 바닥을 비비며 가기 시작했습니다. 그는 이런 식으로 교회를 서너 바퀴 돌더니 그가 강단 앞으로 돌아올 즈음에는 아주 정상적으로 걷기 시작했습니다. 그는 완벽하게 치유받았습니다! 그는 그의 믿음을 행동에 옮겼던 것입니다.

그 다음날 저녁, 우리는 첫날 밤 집회의 결과로 나타난 다른 이적을 보았습니다. 두 명의 나이 많은 신사가 영접 초청에 응답한 것입니다. 이런 일은 흔히 볼 수 있는 일이 아닙니다.

나중에 알게된 것인데 이 두 신사는 형제간이며 그들의 나이는 72세와 74세이고 그들은 전날 집회에서 치유함을 받은 사람의 옆집에 살고 있었습니다. 그 다음날 불구자인 이웃집 사람이 그의 뜰에서 일하는 것을 보았을 때, 그들은 그가 밖에서 기어다니고 있다고 생각했습니다. 그러나 그가 똑바로 일어나서 집 주위를 돌며 걷고 있는 것을 보았습니다. 그들은 도대체 무슨 일이 있었는지 서둘러 알아보았고 그가 병고침을 받았다는 것과 주님께서 그에게 무슨 일을 하셨는지를 들었습니다. 그 결과로 그 두 사람은 예배에 오게 되었고 그들의 심령을 주님께 드렸습니다.

믿음에 대한 최고의 정의 중의 하나는, 만일 당신이 믿는다면 당신은 그 믿음을 행동에 옮긴다는 것입니다. 만일 당신이 하나님 말씀을 믿는다면 당신은 그 하나님 말씀이 진짜인 것 같이 행동할 것입니다.

"믿음은 바라는 것들의 실상이요 보이지 않는 것들의 증거니" (히 11:1) 믿음은 바라는 것이 실상이 되게 해줍니다.

기억해야 할 구절

"믿음은 바라는 것들의 실상이요 보이지 않는 것들의 증거니"

(히 11:1)

06

행동하는 믿음 (2부)

핵심 진리

행동하는 믿음의 공식은 하나님이 주시는 어떤 선물을 받을 때와 똑같이 성령 세례를 받는 데에도 적용할 수 있습니다.

우리는 어떻게 믿음대로 행하는가에 대해서, 믿음은 하나님의 말씀을 실행에 옮기는 것이라는 것을 전 과에서 배웠습니다. 많은 병고침의 역사는 사람들이 그들의 믿음을 행동에 옮겨서 하나님의 약속을 믿고 발을 내딛을 때 하나님께로부터 병고침을 받음으로 일어났습니다. 성령 세례를 받을 때에도 똑같은 방법이 적용됩니다. 이 강한 하나님의 능력을 부여받기 위해 우리는 마찬가지로 믿음의 발걸음을 내딛어야만

하며 하나님 아버지의 약속하신 것에 대한 권리를 주장해야
합니다.

성령의 선물 : 이미 주신 것

아볼로가 고린도에 있을 때에 바울이 윗지방으로 다녀 에베소에 와서 어떤 제자들을 만나 이르되 너희가 믿을 때에 성령을 받았느냐 이르되 아니라 우리는 성령이 계심도 듣지 못하였노라 바울이 이르되 그러면 너희가 무슨 세례를 받았느냐 대답하되 요한의 세례로라 바울이 이르되 요한이 회개의 세례를 베풀며 백성에게 말하되 내 뒤에 오시는 이를 믿으라 하였으니 이는 곧 예수라 하거늘 그들이 듣고 주 예수의 이름으로 세례를 받으니 바울이 그들에게 안수하매 성령이 그들에게 임하시므로 방언도 하고 예언도 하니   행 19:1-6

우리가 사도행전을 연구해 보면, 오순절날 이후 사도들은 언제나 신자들에게 "성령을 받았느냐?"라고 질문하는 것을 보게 됩니다. 그들은 "하나님께서 당신에게 성령을 주셨어요?"라고 묻지 않았습니다. 하나님께서는 당신에게 성령을 주시지 않을

것입니다. 이미 주셨기 때문입니다. 이제 받는 것은 온전히 당신에게 달려 있습니다. 당신 자신이 해야 하는 것입니다.

어떤 이는 "성령 세례 받는 것이 당신이 말하는 것처럼 그렇게 쉬운 것이면 좋겠어요."라고 말합니다.

선물을 받는 것이 어려울까요? 만일 어떤 사람이 내가 들고 있는 책을 달라고 하면 나는 그에게 책을 넘겨줄 것입니다. 그런데 그가 "오, 제발 해긴 형제님, 그걸 제게 주세요!"라고 울며 애걸한다고 상상해 보세요. 물론 사람들은 그가 미쳤다고 생각할 것입니다. 왜 그가 그냥 손을 내밀어 책을 가져 가지 않을까 의아해 할 것입니다.

영적인 것도 물질적인 것만큼이나 사실적입니다. 하나님께서 우리에게 성령의 선물을 주십니다. 우리는 그것을 받기 위해 울며 애걸할 필요가 없습니다. 하나님께서 말씀하십니다.

"여기 성령의 선물이 있다. 네가 거듭났으면 지금 너는 받을 수 있어. 기다릴 필요도 없이 너는 지금 성령을 받을 준비가 이미 다 된 거야."

"믿음은 들음에서 나며 들음은 하나님 말씀으로 말미암았느니라"(롬 10:17)

우리는 말씀 안에 하나님의 약속을 가지고 있습니다. 믿음은 하나님 말씀대로 행동하는 것입니다. 내가 텍사스주에 있는 한

마을에서 집회를 인도하던 중, 한 여인이 성령을 받기 위해 앞으로 나왔습니다. 내가 그녀에게 손을 얹고 기도했고 성령이 그녀에게 임하셨지만 그녀는 반응하지 않았습니다. 그녀에게 두 번째 손을 얹고 기도했지만 역시 반응하지 않았습니다. 나는 사도행전 2장 4절을 펴서 큰 소리로 그 성경 구절을 읽으라고 했습니다.

"저희가 다 성령의 충만함을 받고 성령의 말하게 하심을 따라 다른 방언으로 말하기를 시작하니라"

"누가 방언을 말했다고 성경 구절이 말씀하고 있지요?" 제가 물었을 때 그녀는 "성령님이 했다고 말씀합니다." 라고 대답했습니다.

나는 그녀에게 다시 한 번 읽으라고 했습니다. 네 번이나 읽은 후에 마침내 그녀는 자신이 잘못 보았던 것을 발견했습니다. 그녀는 놀라서 나를 바라보며 말했습니다.

"왜 방언을 하는 것을 그들이 했을까요? 저는 항상 성령님이 방언을 말한다고 생각했는데요."

"다른 성경 구절 몇 개를 더 읽어봅시다."

그리고 사도행전 10장 44-46절을 가르쳐 주었습니다.

"베드로가 이 말 할 때에 성령이 말씀 듣는 모든 사람에게 내려오시니 베드로가 함께 온 할례 받는 신자들이 이방인들에게도 성령 부어 주심을 인하여 놀라니 이는 그들이 방언을 말하며 하나님 높임을 들음이러라They heard them speaking in tongue and praising God"

그 다음 우리는 사도행전 19장 6절로 넘어갔습니다.

"바울이 그들에게 안수하매 성령이 그들에게 임하시므로 그들이 방언도 하고they speak in tongue 예언도 하니…"

"자 이제, 제가 질문하겠는데요, 내가 당신에게 손을 얹었을 때 성령님이 당신에게 임했었나요? 하나님의 능력이 당신에게 임한 것을 느끼셨나요?"

"물론이지요."

"당신의 혀가 영어가 아닌 무언가 하려고 했나요?"

"왜요? 저는 그것을 막으려고 안간힘을 썼는데요."

"당신이 그것을 막아서는 안되고 협조해야 합니다."(어떤 사람들은 그들이 할 수 있는 한 하고 싶은 것과 싸워야 된다고 생각하다가 마침내 성령님께 져버리는 것 같습니다. 성령님께서 그 발음Utterance을 주실 때 당신은 행동하는 믿음이 있어야 합니다.)

얼마 전 나는 15년 동안이나 성령님을 기다려온 한 친구와 말하고 있었습니다. 그는 "내게 기다리는 것에 대해 더 이상 말하지 마세요. 하나님을 찾는 것에 대해선 다 압니다."라고 말했습니다.

그는 찾는 것Seeking에 대해 알았지만 '받는 것Receiving'에 대해선 아무것도 몰랐던 것입니다. 이 두 가지 사이에는 큰 차이가 있습니다. 내 친구 목사가 한 남자에 대해 얘기해 주었습니다.

"저는 19년 동안 성령님을 찾으려고 노력해 왔어요."라고 그가 말했고 그 목사님은 대답했습니다.

"당신이 한 것은 '찾은 것'이 아닙니다. 예수께서 찾으라 그러면 찾을 것이라(마 7:7)고 했습니다. 만일 당신이 그 동안 찾았다면 당신은 벌써 찾았을 것입니다. 당신이 한 일은 강단 주변을 왔다 갔다 한 것뿐입니다."

많은 사람이 이렇게 아직도 강단 주변을 맴돌고 있는 것 같습니다. 이제 주변만 밟는 것을 끝내고 하나님 말씀에 의지하여 행동할 때입니다. 왜냐하면 믿음은 행동하는 것이기 때문입니다.

성령의 선물 : 영적 체험

내가 만일 방언으로 기도하면 나의 영이 기도하거니와 나의 마음은 열매를 맺히지 못하리라   고전 14:14

당신의 몸은 당신의 영이 사는 성전 또는 집입니다. 당신이 거듭나는 순간 성령님께서 당신의 영 속에 사시기 위해 들어오시므로 당신의 몸은 그 때부터 성령이 사시는 성전이 되는 것입니다.

성령 세례는 새로운 탄생에 뒤이어 나타나는 경험입니다. 성령 세례를 받는 것은 정신적 체험이나 육체적 체험이 아니고 영적 체험입니다.

당신은 하나님과 당신의 마음mind으로는 접촉할 수 없습니다. 하나님은 마음mind이 아니기 때문입니다. 민수기 23장 19절에 "하나님은 인성이 아니시니…God is not a man"라고 말했는데 이것은 하나님께서 육체적 존재가 아니라는 것을 의미합니다. 하나님은 영이십니다. 하나님은 단지 '영spirit'이 아니라 '한 영 a spirit' 임을 주목하십시오.

많은 사람에게 영spirit이라고 하면 어떤 영향이나 분위기를 생각합니다. 그러나 하나님은 단지 영spirit이 아닙니다. 예수께서 "하나님은 영이시니God is a spirit…"(요 4:24)라고 말씀하셨습니다. 그분은 신성한 인격체이십니다. 우리는 하나님과 우리의 마음mind으로 접촉할 수도 없고 우리의 육체로 접촉할 수도 없습니다. 하나님은 영이시므로 우리의 영을 통해서 접촉합니다.

이것이 성령 세례를 받으려고 노력하는 많은 사람들에게 어려운 점입니다. 그들은 성령을 혼적으로 혹은 육체적으로 받으려고 노력합니다. 그들은 육체적 체험을 원하지만 그것은 영적 체험입니다. 성령 세례에서 단 하나의 육체적 부분은 방언을 말하는 부분입니다. 하나님께서 당신에게 당신의 영으로부터 나오는 발음utterance을 주시면 당신이 단어들을 말합니다.

바울은 "내가 만일 방언으로 기도하면 나의 영이 기도하거니와 나의 마음은 열매를 맺지 못하리라"(고전 14:14)고 말했습니다. 확대 번역 성경에서는 "나의 영(내 안에 계신 성령으로 인하여)이 기도하거니와"라고 썼습니다. 다시 말하면 당신에게 다른 방언으로 말할 수 있는 능력을 주시는 분은 바로 당신 안에 계신 성령님입니다.

예수께서 "내가 아버지께 구하겠으니 그가 또 다른 보혜사를 너희에게 주사 영원토록 너희와 함께 있게 하리니"(요 14:16)라고 말씀하셨습니다. 성령님은 당신 안에 살고 거주하시기 위하여 들어오셨고 당신은 성령님께 응답하는 것을 배워야만 합니다. 성령님께서 발음utterance을 주실 것입니다. 많은 사람들이 그들의 자연적 감각 – 즉 그들이 보는 것, 듣는 것, 또는 느끼는 것 – 에 의지하기 때문에 이 부분에서 실패합니다. 그들은 방언을 말할 때까지 그들이 성령님을 가지고 있다는 것을 믿지 않을 것입니다. 그러나 당신은 먼저 믿고 성령님을 받고 나서 성령을 받은 결과로 방언을 말하게 됩니다.

"그들이 다 성령의 충만함을 받고…"(행 2:4)

이 성경 구절에서 그들이 성령의 충만함을 받았고, 충만함을 받은 후에 다른 방언으로 말하기를 시작했다는 것에 주목하십시오. 바로 이것이 많은 사람들이 넘어지는 부분입니다. 그들은 방언을 먼저 말하고 그후에 성령을 받은 것을 믿기 원합니다. 그러나 당신이 먼저 믿어야만 합니다.

성령을 선물로 받기 위하여는 하나님께 다른 어느 것을 받을 때와 똑같이 당신의 믿음이 일할 수 있도록 믿음의 발걸음을 내딛어야만 합니다. 이렇게 함으로써 당신은 행동하는 믿음을 갖게 될 것입니다.

기억해야 할 구절

"성령이 그들에게 임하시므로 방언도 하고 예언도 하니" (행 19:6)

07

믿음과 느낌

핵심 진리

믿음을 위한 요소 (1) 당신이 구하고 있는 것이 무엇이든지 그것을 위한 약속을 하나님 말씀 안에서 찾으십시오. (2) 하나님의 말씀을 믿으십시오. (3) 말씀과 반대되는 환경에 신경 쓰지 마십시오. (4) 응답을 주신 하나님을 찬양하십시오.

주님의 사랑을 받은 믿음의 사람인 스미스 위글워스는 "나는 느낌을 통하여 하나님을 이해할 수 없습니다. 주 예수 그리스도도 느낌을 통해서는 이해할 수 없습니다. 말씀이 그분들에 대하여 무엇이라고 말하는지를 통해서만 하나님 아버지와 예수 그리스도를 이해할 수 있습니다. 하나님은, 말씀이 그분에 대하여 어떠하다고 말한 그대로이십니다. 우리는 말씀을 통해서 그분을 알아가야 합니다."라고 말한 적이 있습니다.

많은 사람들이 느낌을 통하여 하나님을 알려고 노력합니다. 느낌이 좋을 때 그들은 하나님이 기도를 들으셨다고 생각하고 느낌이 좋지 않을 때에는 하나님께서 기도를 안들어 주셨다고 생각합니다. 믿음은 하나님 말씀에 근거를 두어야 하는데 그들은 느낌에 근거를 두고 있습니다.

도마의 믿음

열두 제자 중의 하나로서 디두모라 불리는 도마는 예수께서 오셨을 때에 함께 있지 아니한지라 다른 제자들이 그에게 이르되 우리가 주를 보았노라 하니 도마가 이르되 내가 그의 손의 못 자국을 보며 내 손가락을 그 못 자국에 넣으며 내 손을 그 옆구리에 넣어 보지 않고는 믿지 아니하겠노라 하니라 여드레를 지나서 제자들이 다시 집 안에 있을 때에 도마도 함께 있고 문들이 닫혔는데 예수께서 오사 가운데 서서 이르시되 너희에게 평강이 있을지어다 하시고 도마에게 이르시되 네 손가락을 이리 내밀어 내 손을 보고 네 손을 내밀어 내 옆구리에 넣어 보라 그리하고 믿음 없는 자가 되지 말고 믿는 자가 되라 도마가 대답하여 이르되 나의 주님이시요 나의 하나님이시니이다 예수께서 이르시되 너는 나를 본 고로 믿느냐 보지 못하고 믿는 자들은 복되도다 하시니라

요 20:24-29

도마는 믿음의 기반을 느낌에 둔 사람입니다. 그는 눈으로 직접 예수님의 손에 못자국을 보고 자신의 손으로 직접 그 못자국을 만져보지 않고는 믿지 않겠다고 말했습니다. 그는 하나님이 말씀하신 것을 의지하지 않고 그가 보고 만지는 것을 의지했습니다.

요즘 우리 주변에는 느끼고, 보고, 듣거나 만져본 것만 믿는 '도마 크리스천'들이 많이 있습니다.

진짜 믿음은 하나님 말씀에 기초를 둡니다. 진짜 믿음은 "만약 하나님이 그것이 진리라고 말씀하셨으면 그것은 진리야"라고 말합니다. 하나님을 믿는 것은 하나님의 말씀을 믿는 것입니다.

하나님 말씀이 "하나님께서 우리의 기도를 들으신다."고 하면 나는 하나님께서 내 기도를 들으시는 줄 압니다. 왜냐하면 하나님의 말씀은 거짓말을 할 수 없기 때문입니다. 만일 우리의

믿음이 느낌에 기초를 두고 있다면 우리는 누구나 가지고 있는 타고난 자연적 믿음natural human faith을 믿는 것이고, 이 자연적 믿음으로는 영적 결과를 얻을 수 없습니다. 우리는 성경 구절을 믿는 성경 믿음Bible faith을 사용해야만 하는데 그것은 하나님의 말씀을 믿는 것입니다.

나는 병고침을 받으려고 기도를 많이 받으러 다녔지만 병고침을 받지 못한 한 여인을 기도해 준 적이 있습니다. 내 기도가 끝나자 그녀는 즉시 "저는 병고침을 받지 못했어요. 다시 기도해 주세요."라고 말했습니다. 나는 다시 기도했고 내가 기도를 마쳤을 때 그녀는 똑같은 말을 했습니다. 세 번이나 기도한 후에도 여전한 결과인 것 같아 나는 그녀에게 물었습니다.

"당신은 당신이 병고침 받는 것을 언제 믿기 시작하실래요?"

"글쎄요, 나아야 믿지요."

"그러면 그때 당신은 도대체 무엇을 믿으실 건데요? 그때는 병 나은 것은 이미 아실 텐데요."

누구든지 느끼고, 듣고, 본 것은 믿을 수 있습니다. 대부분의 경우 물질적 영역에서 살고 움직이므로 우리는 보는 것으로 말미암아 행합니다. 그러나 성경적인 것 즉 영적인 것들에 관해서는 우리는 보는 것으로 행하지 않고 믿음으로 행합니다.

병고침은 영적인 것이다

하나님의 병고침은 영적인 치유입니다. 의학은 물리적인 것을 통하여 치유합니다. 크리스천 사이언스Christian science는 마음을 통하여 치유합니다. 그러나 하나님은 치유하실 때 영을 통해 하십니다.

그런즉 누구든지 그리스도 안에 있으면 새로운 피조물이라 이전 것은 지나갔으니 보라 새 것이 되었도다 고후 5:17

영적인 치유나 하나님의 치유divine healing는 새로운 탄생 즉, 영이 거듭나는 것과 똑같은 방법으로 받습니다.

당신이 거듭날 때, 거듭난 것은 당신의 몸이 아닙니다. 왜냐하면 당신은 아직도 항상 가지고 있던 같은 몸을 가지고 있으니까요.

바울이 "그러므로 누구든지 그리스도 안에 있으면 새로운 피조물이라…"고 말할 때 그는 몸이 새로워졌다고 말하고 있는 것이 아닙니다.

새로운 탄생new birth은 어떠한 방식으로든지 육체를 변화시키지 않습니다.

당신이 구원받은 후에 물론 당신 안에 있는 사람이 당신의 육체를 지배하도록 해야하는데 육체를 변화시키는 것은 이 거듭난 속 사람입니다.

새로운 탄생은 인간의 영의 재탄생rebirth입니다. 예수님께서 "육으로 난 것은 육이요 영으로 난 것은 영이니"(요 3:6)라고 말씀하셨습니다.

우리는 사람의 안에서 무슨 일이 일어났는지 즉시 말할 수 없는데 그것은 인간의 영 안에서 일어난 일이기 때문입니다. 그러나 만일 그 사람이 그 안에 가지고 있는 빛 안에서 행한다면 시간이 지난 후 그것은 명백해질 것입니다.

사람들이 강단 앞으로 나와서 기도하고, 울고, 뛰고, 모든 사람을 껴안고 너무나 기뻐하지만 그 후에 그들은 다시 교회에 나타나지 않습니다. 우리는 정말로 그들이 무엇인가 놀랄만한 것을 하나님으로부터 받았다고 생각했지만 그것은 새로운 탄생이 아니고 감정적 경험에 불과했던 것입니다.

다른 경우, 사람들이 구원받기 위해 강단 앞에 나오지만 전혀 감정적이지 않은 경우도 봅니다. 과연 그들이 주님께 무엇을 받았는지 의아해 했습니다. 그들이 강단 앞에서 무엇을 받을 만큼 충분히 머무르지 않았다고 생각했습니다. 그럼에도 불구하고 그 중 여러 명은 그들의 일평생 동안 뛰어난 그리스도인이 되었습니다(이것은 육체적 감각에 기초한 믿음의 또 하나의 예입니다).

나는 물론 느낌을 믿지만 그것을 가장 나중에 놓습니다. 하나님의 말씀이 첫 번째이고 하나님 말씀을 믿는 믿음이 두 번째이고 느낌은 가장 나중에 옵니다. 너무나 많은 사람들이 이것을 거꾸로 해서 느낌을 첫 번째에 두고, 그들의 느낌에 따른 믿음을 두 번째로, 하나님의 말씀을 마지막에 둡니다. 이런 사람들은 아무것도 성공시킬 수 없습니다.

이 세상을 살아갈 때에 우리는 육체적 감각을 따라 살아갈 수밖에 없습니다(예를 들면 우리가 길을 건너려면 눈이 우리에게 차가 오고 있으니 차가 지나갈 때까지 기다리라고 말합니다). 그러나 많은 사람들이 누구나 가지고 있는 육체적이고 일반적인 믿음을 통해서 믿으려고 노력하고 그들의 감각이 아니라고 하면 그들은 그것이 아니라고 믿습니다. 우리의 육체적 감각은 하나님의 말씀과 아무런 상관이 없습니다. 우리의 느낌이나 환경과 전혀 관계없이 하나님의 말씀은 진리입니다.

"주여 주의 말씀은 영원히 하늘에 굳게 섰사오며Forever, O Lord, thy word is settled in heaven"(시 119:89)

믿음의 공식

당신에게도 역사하게 만들 수 있는 믿음의 공식이 있습니다. 첫째, 당신이 구하고 있는 것에 맞는 하나님의 말씀을 찾아 소유하십시오. 둘째, 하나님의 말씀을 믿으십시오. 셋째, 당신의 믿음에 반대되는 환경이나 당신의 육체적 감각이 그것에 대해 말하는 것을 고려하지 말고 거절하십시오. 넷째, 응답하시는 하나님께 찬양을 드리십시오.

이런 네 가지 단계를 따르면 당신은 항상 결과를 얻게 됩니다. 이것들은 귀신으로부터 자유해지는 것, 병고침, 기도 응답, 또는 당신이 주님께 무엇을 구하든지 그것을 얻는 네 단계입니다.

기억해야 할 구절

"여호와여 주의 말씀은 영원히 하늘에 굳게 섰사오며"
(시 119:89)

08

심령으로 믿는다는 것은 무엇을 의미하는가? (1부)

핵심 진리

사람은 영이며, 혼을 가지고 있고, 몸 안에 살고 있다.

나는 심령으로 믿는다는 것believe with the heart이 무엇을 의미하는가에 대해 수년간 연구해 왔습니다. 나는 마가복음 11장 23절을 읽었습니다. "내가 진실로 너희에게 이르노니 누구든지 이 산더러 들리어 바다에 던져지라 하며 그 말하는 것이 이루어질 줄 믿고 심령heart-mind가 아니고 heart이므로 '마음'보다는 '심령'이 더 적절함에 의심하지 아니하면 그대로 되리라"

로마서 10장 10절에서도 심령으로 믿는 것에 대해 말하고 있습니다. "사람이 마음heart:심령으로 믿어 의에 이르고 입으로 시인하여 구원에 이르느니라"

심령heart이란 단어가 이 두 성경 구절에 쓰였는데, 이것은 혈액을 펌프질해서 온몸에 운반해 주는 우리 몸의 기관인 심장heart을 말하고 있는 것이 아닙니다. 우리가 육체의 손이나 손가락으로 믿을 수 없는 것과 같이 우리는 심장으로 믿을 수 없습니다. '심령heart'이라는 단어는 생각을 전달하는데 사용됩니다.

우리가 '심장heart'이란 단어를 어떻게 사용하고 있는지 주목하십시오. 나무의 심장heart of a tree이라고 말할 때 가장 중심, 즉 '심'을 의미합니다. '한 주제의 심장heart of a subject'이란 말은 그 주제의 가장 중요한 핵심, 가장 중심적인 것, 주변에 둘러싸인 모든 것의 중심 부분을 의미합니다. 그리고 하나님께서 사람의 심령heart을 말하실 때는 사람의 가장 중요한 부분, 인간의 가장 중심적인 '영'을 말하는 것입니다.

인간은 한 영입니다 Man is a Spirit

평강의 하나님이 친히 너희로 온전히 거룩하게 하시고 또 너희의 온 영과 혼과 몸이 우리 주 예수 그리스도께서 강림

하실 때에 흠 없게 보전되기를 원하노라   살전 5:23

성경 전체를 통해서 '사람의 영spirit of man' 이란 말과 '사람의 심령heart of man' 이란 말은 서로 바꾸어 쓸 수 있도록 사용되어져 있습니다. 사람은 하나님의 형상을 따라 하나님과 같이 만들어졌고 또 예수님이 "하나님은 영이시니…"(요 4:24)라고 말씀했기 때문에 우리는 인간이 영적 존재라는 것을 압니다.

우리가 하나님과 같다는 것은 우리 육체의 몸이 같다는 것이 아닙니다. 성경은 하나님은 사람이 아니라고 말씀합니다. 사람은 겉 사람과 속 사람이 있는 것을 잊지 마십시오. 사람은 영이고 혼을 가지고 있고, 육체 안에 살고 있습니다.

바울은 로마인들에게 보내는 편지에서 말했습니다.

"오직 이면적 유대인이 유대인이며 할례는 심령heart에 할지니 영spirit에 있고 율법 조문written code에 있지 아니한 것이라 그 칭찬이 사람에게서가 아니요 다만 하나님에게서니라"(롬 2:29)

위 성경 구절에 의하면 심령heart은 영spirit입니다.

니고데모에게 예수님은 "네가 거듭나야 하겠다"(요 3:7)고 말씀하셨습니다. 니고데모는 인간으로서 자연적인 것만 생각할 수 있었으므로 "사람이 늙으면 어떻게 날 수 있사옵나이까 두 번째

모태에 들어갔다가 날 수 있사옵나이까?"(4절)라고 물었을 때, "육으로 난 것은 육이요 영으로 난 것은 영이니"(6절)라고 예수께서 대답하셨습니다. 새로운 탄생은 인간의 영의 재탄생rebirth 입니다.

예수께서 사마리아 우물 옆에서 여인과 말씀하시는 장면이 요한복음에 있습니다.

"하나님은 영이시니 예배하는 자가 영spirit과 진리truth로 예배할지니라"(요 4:24)

하나님은 우리의 몸이나 마음mind을 통하여 접촉할 수 없습니다. 단지 우리의 영을 통하여 접촉할 수 있습니다. 고린도전서 14장 14절에 "내가 만일 방언으로 기도하면 나의 영이 기도하거니와 나의 마음은 열매 맺지 못하리라"고 말합니다. 영spirit은 마음mind이 아닙니다. 어떤 사람들은 마음이 영이라고 잘못 생각합니다. 어쨌든 위 성경 구절에서 나타나듯이 우리가 방언으로 기도할 때 이것은 우리의 마음이나 생각에서 나오는 것이 아니라 우리의 영, 가장 깊은 곳, 즉 우리 영 안에 있는 성령으로부터 온다는 것을 우리는 알고 있습니다. "그러면 어떻게 할까 내가 영으로 기도하고 또 마음으로 기도하며 내가 영으로 찬송하고 또 마음으로 찬송하리라…"(15절) 다른 말로 바꾸면 바울은 그의 영이 진정한 바울이라고 말하고 있는 것입니다.

속 사람 The Inward Man

바울은 또 "그러므로 우리가 낙심하지 아니하노니 우리의 겉 사람은 낡아지나 우리의 속 사람은 날로 새로워지도다"(고후 4:16)라고 말합니다. 바울은 속 사람도 있고 겉 사람도 있음을 지적하고 있습니다. 겉 사람은 우리의 몸이고, 속 사람은 우리의 영입니다. 그리고 그 영은 혼을 가지고 있습니다.

고린도전서 9장 27절에서 바울은 "내가 내 몸을 쳐 복종케 함은I keep under my body, and bring it into subjection, 내가 남에게 전파한 후에 자신이 도리어 버림을 당할까 두려워함이라"고 말했습니다. 만일 몸이 진짜 사람이라면 바울은 "내가 내 자신을 쳐서 복종케 함은I keep myself under"이라고 했을 것입니다. 그는 그의 몸을 '그것it'이라고 가리키고 있습니다. '나'는 내 안에 있는 사람 즉, 거듭난 속 사람입니다. 우리는 몸으로 무엇인가를 합니다. 우리는 우리 몸을 복종케 합니다. 눈으로 볼 수 있는 사람은 진짜 사람이 아니고 우리들이 살고 있는 집일 뿐입니다.

우리는 이제 바울이 로마에 있는 성도들에게 쓴 것을 좀 더 쉽게 이해할 수 있습니다.

그러므로 형제들아 내가 하나님의 모든 자비하심으로 너희를 권하노니 너희 몸을 하나님이 기뻐하시는 거룩한 산 제물로 드리라 이는 너희가 드릴 영적 예배니라 너희는 이 세대를 본받지 말고 오직 마음을 새롭게 함으로 변화를 받아 하나님의 선하시고 기뻐하시고 온전하신 뜻이 무엇인지 분별하도록 하라 롬 12:1-2

이 서신에서, 바울은 불신자에게 글을 쓰고 있는 것이 아니라, 그리스도인들에게 쓰고 있습니다. 그는 편지를 "로마에서 하나님의 사랑하심을 받고 성도로 부르심을 받은 모든 자에게…"(롬 1:7)로 시작하고 있습니다. 이미 거듭난 자들에게 쓰고 있음에도 불구하고 바울은 그들이 몸과 마음으로 무엇인가 해야한다고 말했습니다.

새로운 탄생new birth은 몸의 재탄생rebirth이 아니고 인간의 영이 재탄생한 것입니다. 그리고 성령 세례는 육체적인 경험이 아니라 영적 경험입니다. 바울은 우리의 몸을 하나님께 산 제사로 드려야 한다고 말했습니다.

우리는 하나님 말씀으로 마음을 새롭게 해야 하는데 마음을 새롭게 하는 것은 하나님이 아니라 우리라는 것을 주목하십시오. 하나님께서는 영생을 주시고 그의 영을 우리에게 제공해 주셨지만 하나님께서는 우리의 육체에는 아무 일도 하지 않으십니다. 만일 육체에 무엇인가 되어져야 한다면 우리가 그것을 해야 합니다.

말씀은 바로 당신이 하나님께 당신의 몸을 드리라고 말하고 있습니다. 아무도 당신을 위해 그것을 해줄 수 없습니다. 또한 하나님 말씀은 마음을 새롭게 함으로 변화를 받으라고 합니다. 우리의 마음은 하나님 말씀을 통해 새로워집니다.

사람은 영적 존재이며 하나님의 형상을 쫓아 만들어 졌습니다. 어떤 이들은 사람이 동물이라고 하는데, 만일 그게 사실이라면 소를 잡아서 먹는 것과 같이 사람을 죽여서 먹는 것이 크게 잘못된 일이 아닐 것입니다.

인간은 그가 살고 있는 육체를 가지고 있지만 동물이 아닙니다. 사람은 단지 마음과 몸만 있는 것이 아니라 영과 혼과 몸으로 되어 있습니다. 그는 영입니다. 혼을 가지고 있고 육체 안에 삽니다.

동물은 혼을 가지고 있지만 그들은 영이 아닙니다. 동물에게는 하나님과 같은 것이 아무것도 없습니다.

하나님은 그 자신으로부터 무엇인가를 취해서 사람 안에 넣으셨습니다. 그는 땅의 흙으로 사람의 몸을 지으시고 그 코에 생기breath of life를 불어 넣으셨습니다.

'생기breath'란 단어는 히브리어로 '루아크ruach'인데, 이것은 '숨' 또는 '영'을 의미하고, 구약 성경에는 '성령'이란 단어로도 여러 번 번역되어 있습니다. 하나님은 영이시므로 그분 자신으로부터 영을 취하셔서 사람 안에 그것을 넣어 주셨습니다. 그분이 그렇게 하실 때 사람이 생령a living soul이 되었습니다. 그 전까진 살아 있지 않았었는데 생령이 된 것입니다. 영이 없는 몸은 죽은 것이었기 때문에 영이 들어온 후에 비로소 그는 의식하게 되었습니다.

혼은 지적인 능력과 감정적인 능력을 가지고 있는데, 동물들도 혼을 가지고 있습니다. 그들의 육체가 죽을 때 그들의 혼은 죽습니다. 그러나 인간의 혼, 즉 우리의 지적이고 감정적인 능력은 육체에 그 기반이 있는 것이 아니라 영에 기반이 있기 때문에, 우리의 몸이 죽어도 우리의 혼은 계속 존재하게 됩니다.

한 부자가 있어 자색 옷과 고운 베옷을 입고 날마다 호화롭게 즐기더라 그런데 나사로라 이름하는 한 거지가 헌데 투성이로 그의 대문 앞에 버려진 채 그 부자의 상에서 떨어지는 것으로 배불리려 하매 심지어 개들이 와서 그 헌데를 핥더라 이에 그 거지가 죽어 천사들에게 받들려 아브라함의 품에 들어가고 부자도 죽어 장사되매 그가 음부에서 고통 중에 눈을 들어 멀리 아브라함과 그의 품에 있는 나사로를 보고 불러 이르되 아버지 아브라함이여 나를 긍휼히 여기사 나사로를 보내어 그 손가락 끝에 물을 찍어 내 혀를 서늘하게 하소서 내가 이 불꽃 가운데서 괴로워하나이다 아브라함이 이르되 얘 너는 살았을 때에 네 좋은 것을 받았고 나사로는 고난을 받았으니 이것을 기억하라 이제 그는 여기서 위로를 받고 너는 괴로움을 받느니라   눅 16:19-25

위의 성경 구절은 인간의 세 부분 즉, 영과 혼과 육에 대하여 매우 좋은 예가 됩니다. 22절에 "거지가 죽어 천사들에게 받들려 아브라함의 품에 들어가고"라고 한 것을 주목하여 보십시오. 누가 받들려 갔다고 했지요? (거지입니다. 그의 몸이 아닌 바로 '그'입니다) 그의 영이 진짜 '그'였던 것입니다. 그의 몸은 무덤에 묻혔지만 그는 아브라함의 품에 있었습니다.

부자도 죽었습니다. 그의 몸은 무덤에 묻혔으나 지옥에서 그는 올려다 보았습니다. 아브라함의 몸은 무덤에 있었는데도 부자는 아브라함을 보았습니다. 부자는 나사로도 알아 볼 수 있었습니다. 이와 같이 영적 영역에서 사람은 이 세상에서 보이는 것과 아주 흡사하게 보입니다.

그 부자가 아브라함에게 소리쳤습니다. "나를 긍휼히 여기사 나사로를 보내어 그 손가락 끝에 물을 찍어 내 혀를 서늘하게 하소서 내가 이 불꽃 가운데서 괴로워하나이다…"

사람은 영이고, 혼을 가지고 있습니다. 우리는 이 성경 구절에서 그의 혼이 아직도 손상되지 않고 그대로 있는 것을 알 수 있습니다. 그는 아직도 기억할 수 있으며, 감정을 가지고 있고 괴로움을 받고 있습니다. 그는 아직도 살아 있는 그의 다섯 형제를 걱정하고 있었습니다(27-28절).

하나님은 영이십니다. 그는 사람이 되셨습니다. 하나님께서 인간의 몸인 육체로 현현하신 것입니다. 그분이 육체를 취하셨고 그 때에도 그분은 전과 마찬가지로 여전히 하나님이셨습니다.

부자와 나사로 이야기가 증거하는 것과 같이 사람은 죽을 때 그의 육체를 떠나는데 그 때도 그가 몸 안에 있을 때와 다름없다는 것을 우리는 알 수 있습니다.

우리는 하나님을 우리의 인간적 지식 즉, 우리의 마음을 통해 알 수 없습니다. 하나님은 오직 사람의 영을 통하여서 나타내십니다. 하나님은 영이시므로 하나님과 접촉하는 것은 사람의 영입니다.

기억해야 할 구절

"사람이 마음으로 믿어 의에 이르고 입으로 시인하여 구원에 이르느니라"(롬 10:10)

09

심령으로 믿는다는 것은 무엇을 의미하는가? (2부)

핵심 진리

온 심령을 다하여 믿는다는 말은 우리의 마음이나 육체로 믿는 것이 아니라 우리의 영으로 믿는 것을 뜻합니다.

영적인 일들은 물질적인 일들과 똑같이 실제적입니다. 하나님은 육체가 없으시지만, 육체가 있으신 것과 똑같이 실제적입니다. 하나님은 영적 존재이십니다.

예수님은 지금 살과 뼈로 되어 있는 몸을 가지고 계십니다. 부활하신 후, 제자들에게 나타났을 때 제자들은 예수님이 영(혹은 유령)이라고 생각했습니다. 그러나 예수님은 "…만져

보아라 영은 살과 뼈가 없으되…"(눅 24:39)라고 말씀하셨습니다.

또 베드로와 다른 제자들이 고기를 잡고 있는 동안에 그들은 해변에 계신 예수님을 보았습니다. 예수님은 그들을 불렀고 그들은 예수님께로 갔으며 예수님이 불을 피우고 구운 생선을 먹었습니다.

예수님은 지금 부활한 살과 뼈로 된 육체를 가지고 계십니다. 그러나 육체를 가지고 지금 천국에 계신 예수님이라고 해서 성령님이나 하나님이 실제적인 것보다 더 실제적이지는 않습니다.

우리는 "하나님은 영이시라God is spirit"라고 하지 않고, "하나님은 영적 존재시다God is a spirit"라고 하는 것을 주목하십시오.

어떤 사람들은 "하나님이 영이시다God is spirit"라고 하면 인격이 없는 어떤 영향력 정도로 생각합니다. 우리가 "하나님은 영적 존재시다"라고 말한다고 해서 하나님께서 영적 영역에서 어떤 모양이나 형태가 없는 것을 의미하지 않습니다. 그분은 모양이나 형태를 가지고 계십니다. 천사도 영이지만Angels are spirits 형태나 영적 몸을 가지고 있습니다.

이스라엘 사람들을 시리아 군대가 에워쌌을 때 선지자

엘리사의 사환이 적들의 군사와 말과 병거가 성을 포위한 것을 보고 두려움에 가득차 있었습니다.

"두려워하지 말라 우리와 함께 한 자가 그들과 함께 한 자보다 많으니라 하고 기도하여 이르되 여호와여 원하건대 그의 눈을 열어서 보게 하옵소서 하니 여호와께서 그 청년의 눈을 여시매 그가 보니 불 말과 불 병거가 산에 가득하여 엘리사를 둘렀더라"(왕하 6:16-17)

천사들은 가끔 하나님이 원하실 때에 보이는 물질적 영역에서도 어떤 형태를 취할 수 있습니다.

출애굽기 33장에서는 비록 모세가 구름 때문에 하나님을 못 보았지만 하나님께서 모세와 대면하여 말씀하십니다(11절).

"네가 내 얼굴을 보지 못하리니 나를 보고 살 자가 없음이니라"(20절)

"내 영광이 지나갈 때 내가 너를 반석 틈에 두고 내가 지나도록 내 손으로 너를 덮었다가 손을 거두리니 네가 내 등을 볼 것이요 얼굴은 보지 못하리라"(22-23절)

하나님이 영적 존재일지라도 얼굴과 손 등, 어떤 종류의 형태를 가지고 계신 것을 알 수 있습니다. 영적 존재라고 해서 육체를 가지고 계신 것보다 덜 실제적인 것이 아닙니다. 영적인 것도 물질적인 것만큼 실제적입니다.

그러므로 우리가 항상 담대하여 몸으로 있을 때에는 주와 따로 있는 줄을 아노니 이는 우리가 믿음으로 행하고 보는 것으로 행하지 아니함이로라 우리가 담대하여 원하는 바는 차라리 몸을 떠나 주와 함께 있는 그것이라   고후 5:6-8

우리의 몸이 죽어서 무덤에 묻힐 때에 우리는 몸을 떠나 사람의 손으로 지어진 것이 아니고 하나님이 지으신, 천국에서 영원토록 살 집으로 갑니다. 누가 몸을 떠날 것입니까? 우리 즉, 진짜 우리인 속 사람입니다.

베드로전서 3장 4절에서는 우리의 영을 '심령에 숨은 사람the hidden man of the heart'이라고 했습니다. 여기서 '심령heart'이란 속 사람, 즉 숨은 사람입니다. 그는 심령의 사람, 영의 사람입니다. 그는 육체나 자연인에게 숨어 있습니다. 로마서 7장 22절에서는 그 '영'이 '속 사람'이라고 불렸습니다(내 속 사람으로는 하나님의 법을 즐거워하되). 그러므로 우리는 이 '속 사람' 또 '숨은 사람'이 인간의 영에 대한 하나님의 정의God's definition 입니다.

진짜 사람은 영입니다. 그는 몸과 혼을 가지고 있습니다. 인간은 영으로 영적 영역을 접촉하고, 혼으로 지적 영역을 접촉하고, 그리고 육체로는 물리적 영역을 접촉합니다.

우리의 마음mind으로는 하나님과 접촉할 수 없으며, 몸으로도 하나님과 접촉할 수 없습니다. 우리는 오직 영으로 하나님과 접촉합니다.

하나님의 말씀은 심령으로 믿는 믿음heart faith의 열쇠입니다

하나님의 말씀이 선포되는 것을 우리는 마음natural mind으로 듣습니다. 고린도전서 2장 14절에 "육에 속한 사람natural man은 성령의 일을 받지 아니하나니…"라고 되어 있습니다.

어떤 번역본에는 "육의 사람natural man이나 마음natural mind으로는 하나님의 영이 하시는 일을 이해할 수 없습니다. 왜냐하면 그것들은 미련하게 보이기 때문입니다. 또한 그는 하나님의 일들을 알 수도 없습니다. 왜냐하면 이런 것들은 영으로만 분별되어지기 때문입니다"라고 썼습니다.

성경은 우리의 마음mind으로 이해할 수 없고, 영적으로만 깨달을 수 있습니다. 영으로 또는 심령으로 이해할 수 있습니다. 이것이 어떤 성경 구절은 열두 번을 읽어도 참 뜻을 모르는 이유입니다. 그러다가 어느 날 갑자기 하나님이 그의 말씀을 통해 우리에게 보여 주시는 것을 보게 됩니다. 그 때가 바로 말씀을 우리의 심령heart으로 이해하는 순간입니다. 우리는 하나님의 말씀에 대한 계시를 우리의 심령heart으로 받아야만 합니다. 이런 이유에서 우리는 하나님의 말씀이 우리에게 열리고 또 가리웠던 것이 벗어지도록 하나님의 영에게 의지해야만 합니다.

심령heart으로 믿는다는 것은 영spirit으로 믿는 것을 의미합니다. 우리의 지각이 얻을 수 없는 믿음을 어떻게 우리의 영이 얻을까요? 바로 말씀을 통해서입니다.

예수님이 "…사람이 떡으로만 살 것이 아니요 하나님 입으로부터 나오는 모든 말씀으로 살 것이라"(마 4:4)고 말씀하실 때 하나님은 영적 음식을 말씀하고 계십니다. 그분은 영적 생각을 전달하시려고 자연적인 것을 말씀하신 것입니다.

우리의 영은 하나님의 말씀을 묵상할 때 확신과 자신감으로 차게 됩니다. 하나님의 말씀은 영과 믿음의 양식입니다. 우리의 영을 강건하게 만드는 양식입니다.

심령heart으로 믿는다는 것은, 육체가 우리에게 말하는 것이나 육체적 감각이 지시하는 것과 상관없이 믿는 것을 의미합니다. 육체의 사람은 눈으로 보는 것과 귀로 듣는 것과 육체적 감각으로 느끼는 것을 믿습니다. 그러나 영spirit 또는 심령heart은 보고 듣고 느끼는 것과 상관없이 하나님 말씀을 믿습니다.

너는 마음을 다하여 여호와를 신뢰하고 네 명철을 의지하지
말라 너는 범사에 그를 인정하라 그리하면 네 길을 지도하시
리라 스스로 지혜롭게 여기지 말지어다 여호와를 경외하며
악을 떠날지어다   잠 3:5-7

대부분의 사람들은 5절을 실천하기는 하는데 거꾸로 하고 있습니다. 그들은 명철을 의뢰하고 그들의 심령heart을 의지하지 않습니다! 야고보서 1장 19절에 "…사람마다 듣기는 속히 하고 말하기는 더디 하라"고 말합니다. 이 구절도 우리가 거꾸로 실천하고 싶어 하는 또 하나의 구절입니다. 우리는 말하는 데는 빠르고 노하는 데도 빠르지만 듣는 데는 더딥니다.

잠언 3장 7절의 "스스로 지혜롭게 여기지 말지어다"라는 말씀을 다른 말로 하면 "하나님의 말씀과 다르게 독립적으로 행하게 하는 너의 인간적 지식을 지혜롭게 여기지 말라"입니다.

신약 성경에 이 성경 구절의 짝이 있습니다. "(우리의 싸우는 무기는 육신에 속한 것이 아니요 어떤 견고한 진도 무너 뜨리는 하나님의 능력이라) 모든 이론을 무너뜨리며, 하나님 아는 것을 대적하여 높아진 것을 다 무너뜨리고 모든 생각을 사로잡아 그리스도에게 복종하게 하니"(고후 10:4-5)

평강은 심령의 믿음heart faith의 결과입니다

만일 우리가 믿음으로 걷기를 원한다면, 하나님 말씀을 모든 것보다 가장 위에 놓아야만 합니다. 그리고 우리의 온 심령을 다해with all our heart 하나님을 믿을 때 고요와 평안이 우리의 영에 오게 됩니다.

"이미 믿는 우리들은 저 안식에 들어가는도다"(히 4:3)

"그리하면 모든 지각에 뛰어난 하나님의 평강이 그리스도 예수 안에서 너의 마음과 생각을 지키시리라"(빌 4:7)

"주께서 심지가 견고한 자를 평강하고 평강하도록 지키시리니 이는 그가 주를 신뢰함이니이다"(사 26:3)

하나님 말씀은 "나의 하나님이 그리스도 예수 안에서 영광 가운데 그 풍성한 대로 너희 모든 쓸 것을 채우시리라"(빌 4:19)고 말합니다. 우리는 영으로 우리에게 필요한 모든 것이 채워질 것을 압니다. 따라서 우리는 염려하지 않고 근심하지 않습니다. 만일 걱정하고 있다면 믿고 있는 것이 아닙니다. 말씀을 읽을 때 우리의 영은 용기를 얻습니다. 이것은 인간의 논리나 인간의 지식으로부터 독립되어 있습니다. 아마 인간의 논리나 육체적 증거와 반대될 수도 있습니다. 하나님을 우리의 심령으로 믿는다는 것은 우리의 몸으로부터 분리되어 믿는 것이기 때문입니다.

리언 요맨즈 박사Dr. Lilian Yeomans는 "하나님은 그의 자녀들이 그들의 발 밑에 하나님 말씀 외에는 아무것도 없는 빈 공간 위로 발을 내딛는 것을 기뻐하십니다."라고 말했습니다.

많은 사람들이 실패하는 이유는 그들이 실패를 받아들이기 때문입니다. 그러나 하나님 말씀은 "자녀들아 너희는 하나님께 속하였고 또 그들을 이기었나니 이는 너희 안에 계신 이가 세상에 있는 자보다 크심이라"(요일 4:4)고 말씀합니다. 우리는 성령님이 우리 안에서 불일듯 일어나시며 우리가 정복 당할 수 없다는 것을 압니다. 우리는 믿기 때문에 알고 있는 것입니다!We know because we believe

기억해야 할 구절

"너희는 마음을 다하여with all your heart 여호와를 신뢰하고 trust in the Lord with al your heart 네 명철을 의지하지 말라" (잠 3:5)

10

고백 : 믿음을 여는 열쇠

핵심 진리

예수 그리스도가 우리의 주 되심을 고백하는 것이 복음의 핵심입니다.

고백이 하나님이 계획하신 일들을 붙들고 있다는 것을 적은 수의 그리스도인들만이 알고 있습니다. 사람들이 '고백'이라는 말을 들을 때마다 여전히 죄나 우리의 연약함이나 실패를 생각하는 것은 유감스러운 일입니다. 이런 것들은 고백의 부정적인 측면입니다. 고백에는 긍정적인 측면도 있는데, 성경은 고백의 부정적인 측면보다는 긍정적인 측면에 대해 더 많이 말하고 있습니다.

사전에 의하면 고백은 '인정하다' 또는 '가지다', '믿음을 인정하다' to acknowledge faith in의 뜻을 가지고 있습니다. 사전에 의하면 고백한다는 것은 사람이 자기의 실수를 고백한다는 것뿐 아니라 자기의 믿음을 고백하는 것도 의미합니다.

신약 성경에는 네 가지의 고백들이 언급되어 있습니다.
(1) 세례 요한의 가르침과 예수께서 언급하신 유대인들 죄의 고백.
(2) 오늘날 구원받지 못한 죄인들의 고백.
(3) 믿는 자들이 하나님과의 교제로부터 멀어졌다가 자기의 죄를 고백함.
(4) 하나님 말씀 안에서 우리의 믿음을 고백함.

유대인들의 죄의 고백

예수님과 세례 요한이 성경에 언급하였던 첫 언약 아래 있던 유대인들의 죄와 오늘날 그리스도를 만난 적이 없는 불신자들의 죄를 구별하는 것은 중요한 일입니다

> 이 때에 예루살렘과 온 유대와 요단 강 사방에서 다 그에게 나아와 자기들의 죄를 자복하고 요단 강에서 그에게 세례를 받더니
> 마 3:5-6

여기서 우리는 하나님의 언약의 백성들이 그들의 죄를 고백하며 세례 요한에게 침례 받는 장면을 봅니다. 이것은 그리스도인들이 받는 그런 침례가 아닙니다. 그때에 예수께서는 죽으시고 부활하시지 않으셨습니다. 세례 요한은 아버지와 아들과 성령의 이름으로 침례를 준 것이 아닙니다. 이 사람들은 율법 아래 있는 유대인들이었습니다.

오늘날 불신자sinner들의 고백

그러나 내가 너희에게 실상을 말하노니 내가 떠나가는 것이 너희에게 유익이라 내가 떠나가지 아니하면 보혜사가 너희에게로 오시지 아니할 것이요 가면 내가 그를 너희에게로 보내리니 그가 와서 죄에 대하여, 의에 대하여, 심판에 대하여 세상을 책망하시리라 죄에 대하여라 함은 그들이 나를 믿지 아니함이요 의에 대하여라 함은 내가 아버지께로 가니 너희가 다시 나를 보지 못함이요 심판에 대하여라 함은 이 세상 임금이 심판을 받았음이니라   요 16:7-11

예수님이 9절에서 "죄에 대하여라 함은 그들이 나를 믿지 아니함이요"라고 말씀하신 것을 주목하십시오. 예수님은 불신자들이 성령님께 책망 받는 한 가지 죄는 "나를 믿지 아니함 때문"이라고 우리에게 알려 주고 계십니다.

우리는 불신자가 구원받기 위하여 그가 지은 모든 죄를 고백하여야 한다고 얼마나 많이 주장하여 왔던가요? 그럼에도 불구하고 사람들은 자신이 지은 모든 죄를 고백할 수 없었습니다. 왜냐하면 지난 모든 일들을 기억할 수 없기 때문입니다. 불신자가 해야 할 최고의 고백은 예수께서 주 되심을 고백하는 것입니다.

사도행전 19장 18절에 "믿은 사람들이 많이 와서 자복하여 행한 일을 알리며"라고 했습니다. 이들은 이방인이었습니다. 그들이 무엇을 고백하였는지 말하고 있지는 않지만 뒤이어 오는 구절을 보면 마술을 행한 것에 대한 고백이었음이 명백합니다. "또 마술을 행하던 많은 사람이 그 책을 모아 가지고 와서 모든 사람 앞에서 불사르니 그 책 값을 계산한 즉 은 오만이나 되더라"(19절) 그들은 벌써 구원받은 사람들이기 때문에 그들이 구원받기 위하여 이런 일들을 고백한 것이 아닙니다. 그들은 구원받았기 때문에 이런 것들을 포기한 것입니다.

종종 사람들은 말 앞에다 마차를 놓는 것과 같은 일을 합니다. 그들은 구원받지 못한 사람에게 "당신은 이런 일들은 그만

두셔야 합니다. 그리고 당신이 구원받기 전에 이런 것들은 포기하여야 합니다."라고 말합니다. 그러나 중요한 것은 예수의 주 되심을 그들이 받아 들여야 하는 것입니다. 그러면 다른 일들은 그들 자신이 돌아보게 됩니다.

내가 마지막으로 목회했던 교회에, 부인은 구원받았지만 남편은 구원받지 못한 한 가정이 있었습니다. 내가 그 가정을 방문하고 그 남편에게 교회에 나오라고 권면하였을 때 그는 "아닙니다. 저는 교회에 가고 싶지 않습니다. 교회에 갈 것을 생각하면 어렵게만 느껴지고 양심의 가책을 받아요. 오늘 아침 제 아내가 이런 일 저런 일을 그만두고 구원받으면 어떻겠냐고 제게 말했습니다. 제 아내는 모르지만 저는 그런 것들을 안 해보려고 여러 번 노력해 봤습니다. 그러나 항상 실패하고 다시 제자리로 돌아가곤 했지요. 제가 교회에 나가도 소용이 없을 것입니다. 나는 그렇게 살 수 없습니다."라고 대답했습니다.

이것이 거꾸로 된 고백의 예입니다. 그는 구원받기 위해 그의 삶을 정결케 하고 모든 나쁜 습관을 혼자 해결해 보려고 노력했습니다. 그러나 정작 그가 했어야 하는 것은 예수님의 주 되심에 대한 고백이었습니다.

"네가 만일 네 입으로 예수를 주로 시인하며confess 또 하나

님께서 그를 죽은 자 가운데서 살리신 것을 네 마음에 믿으면 구원을 받으리라"(롬 10:9)

불신자들은 사단을 섬겨 왔습니다. 하나님 보시기에 불신자는 오직 한 가지에 대해서만 유죄인데, 그것은 바로 예수 그리스도를 주와 구원자로 거절했다는 사실입니다.

우리가 불신자에게 하나님께서 그를 새로운 피조물로 만들기 전에 그들의 자범죄를 고백하라고 요구하는 것은 주지사가 감옥에 있는 죄수에게 "네가 감옥에 있다고 자백하면 내가 너를 가석방하겠다."고 말하는 것만큼이나 말이 안 되는 소리입니다. 그가 감옥에 있다는 것은 너무나 자명한 일입니다.

이와 마찬가지로 불신자가 마귀의 자녀라는 것은 너무나 자명한 일입니다. 그가 고백해야 하는 것은 그리스도의 주 되심입니다. 그는 과거의 죄에 대하여 진실로 슬퍼하며 죄로부터 돌이켜서 죄를 버리고 구세주가 필요한 것을 인정해야만 합니다. 그 후에 예수님께서 그의 일상 생활을 지배하도록 해야 하는 것입니다.

"네 입으로 고백하면…"이라고 한 것도 주목하십시오. 말로 하는 고백이 있어야만 합니다. 입으로 그 말을 발성해야 합니다. 고백은 우리 자신만을 위해서 하는 것이 아니라 이 세상과 우리의 삶을 지배해왔던 사단에게도 하는 것입니다.

수년 전 텍사스주에 있는 달라스에서 집회를 인도하던 중 남자 분이 어떤 사람을 위해 기도 부탁을 하러 내게 왔었는데 그 사람은 일주일에 5일씩, 6개월 동안이나 새벽기도에 나오면서도 구원받지 못했다고 했습니다.

며칠 후 나는 그 장본인을 낮 집회에 참석할 수 없는 남자들을 위해 마련한 토요일 저녁 성경 공부 시간에 만나게 되었습니다. 주님께서 곧바로 제게 무엇이 문제인가를 말씀하시고 보여 주셨습니다.

그 모임에서 몇 사람이 일어나 간증을 했고 나는 바로 그 남자에게 일어나서 간증을 해 달라고 부탁했습니다. 그는 놀라서 중얼거렸습니다. "저는 할 수 없는데요. 저는 아직 구원도 못 받았어요." 나는 그에게 그의 성경을 펴서 로마서 10장 9-10절을 큰소리로 읽으라고 말했습니다.

"네가 만일 네 입으로 예수를 주로 시인하며 또 하나님께서 그를 죽은 자 가운데서 살리신 것을 네 다음에 믿으면 구원을 받으리라. 사람이 마음으로 믿어 의에 이르고 입으로 시인하여 구원에 이르느니라"

내가 그에게 마지막 구절을 다시 읽으라고 했고 그는 반복해서 읽었습니다.

"입으로 시인하여 구원에 이르느니라"

"물론이죠, 당신이 고백하기 전까지 당신은 구원받을 수 없어요. 당신이 방금 읽은 성경 구절에 의하면 구원을 얻게 하는 고백을 하는 것은 바로 당신의 입입니다. 이제 일어나셔서 당신이 구원받았다고 고백하세요."

"그렇지만 저는 제가 구원받았다고 느껴지지 않는데요."

"그럴 수도 있지요. 그러나 당신은 이 교회에 구원 얻기를 기도하려고 지난 6개월 동안이나 매일 아침 일찍 나오고 있잖아요."

"그래요. 저는 회개했고 기도했고 하나님께 죄를 용서해 달라고 울며 매달려 왔어요."

"그렇다면 당신이 이제 해야 할 일은 이 말씀 위에 서는 것입니다."

왠지 내키지 않는다는 듯이 그는 일어서서 말했습니다.

"나는 예수님께서 나의 죄를 위해 죽으셨다는 것과 죽은 자 가운데서 죽음으로부터 다시 사신 것과 하나님께서 나의 의를 위하여 예수님을 일으키신 것을 믿습니다. 그러므로 나는 예수님을 나의 구세주로 받아들이며 예수님이 나의 주님임을 고백합니다."

그리고는 그는 재빨리 앉았습니다. 주의를 그로부터 돌리기 위해 나는 다른 사람을 간증하라고 불러냈고 다른 몇 사람이 더 간증을 했습니다. 내가 그를 흘끗 바라보니 그의 얼굴이 하나님의 영광으로 빛나고 있는 것을 알 수 있었습니다.

나는 그에게 돌아서서 말했습니다.

"이제 다시 간증하시겠어요?"

그는 뛰어 나와서 말했습니다.

"내가 그 말을 할 때, 예수님을 나의 주님으로 고백할 때 내 안에 무슨 일인가 일어났습니다."

그리고 그는 주님을 아주 즐겁게 찬양하기를 계속했습니다.

나는 그에게 말했습니다.

"가장 확실하게 당신에게 무슨 일이 생긴 것입니다! 영생이 당신의 영에 부어졌습니다."

사람 앞에서 하는 고백

누구든지 사람 앞에서 나를 시인하면 나도 하늘에 계신 내 아버지 앞에서 그를 시인할 것이요 누구든지 사람 앞에서 나를 부인하면 나도 하늘에 계신 내 아버지 앞에서 그를 부인하리라
마 10:32-33

이 구절들에서 예수님은 우리가 사람들 앞에서 고백하여야 한다고 말씀하신 것을 주목하십시오. 사람 앞에서의 고백은 세상과 단절하는 것입니다. 이런 고백은 우리의 위치를 정의해 줍니다. 이런 고백은 주권자가 바뀌었음을 나타냅니다. 예수님의 주되심을 고백하는 것은 우리를 즉시 주님의 감독과 보호 아래 있게 합니다. 우리가 고백하기 전에는 사단이 우리의 주였지만 이제는 예수님께서 우리의 주가 되셨습니다. 우리는 우리 자신과 세상에게 이 고백을 할 뿐 아니라, 마귀에게도 고백하는 것입니다. 이런 방법으로 우리는 마귀가 우리를 잡고 있는 것을 뿌리치고 예수님을 통해서 정복함으로 승리하는 것입니다.

기억해야 할 구절

"사람이 마음으로 믿어 의에 이르고 입으로 시인하여 구원에 이르느니라"(롬 10:10)

11

고백은 끊어졌던 친교를 회복시킵니다

핵심 진리

친교가 끊어졌을 때 믿음은 노래하지 않습니다.

우리가 '고백'이란 주제를 배움에 있어 우리는 유대인들의 죄를 고백함과 오늘날 불신자들의 고백, 이 두 종류에 대해서 이미 배웠습니다. 이 과에서는 하나님과 친교가 끊어진 신자의 고백에 대해서 다루겠습니다.

시편 137편에서 우리는 교제가 끊어진 극적인 예를 봅니다. 죄의 결과로 이스라엘은 바벨론으로 끌려갔습니다.

우리가 바벨론의 여러 강변 거기 앉아서 시온을 기억하며 울었도다 그 중의 버드나무에 우리가 우리의 수금을 걸었나니 이는 우리를 사로잡은 자가 거기서 우리에게 노래를 청하며 우리를 황폐하게 한 자가 기쁨을 청하고 자기들을 위하여 시온의 노래 중 하나를 노래하라 함이로다 우리가 이방 땅에서 어찌 여호와의 노래를 부를까   시 137:1-4

이 성경 구절에서 이스라엘은 포로됨을 슬퍼합니다. 하나님의 백성들은 시온을 기억하지만 그들은 지금 슬픔에 쌓여있고 그들의 하프는 버드나무에 걸려 있습니다. 그들은 이방 땅에서 여호와의 노래를 부를 수 없습니다.

교제가 끊어졌을 때 믿음은 노래할 수 없습니다. 우리가 죄 짓는 그 순간에 우리는 간증을 잃게 됩니다. 죄는 언제나 빛을 꺼 버립니다.

고백은 용서를 가져옵니다

우리가 보고 들은 바를 너희에게도 전함은 너희로 우리와 사귐이 있게 하려 함이니 우리의 사귐은 아버지와 그의 아들 예수 그리스도와 더불어 누림이라 우리가 이것을 씀은 우리의 기쁨이 충만케 하려 함이라 우리가 그에게서 듣고 너희에게 전하는 소식은 이것이니 곧 하나님은 빛이시라 그에게는 어두움이 조금도 없으시다는 것이니라 만일 우리가 하나님과 사귐이 있다 하고 어둠에 행하면 거짓말을 하고 진리를 행치 아니함이거니와 그가 빛 가운데 계신 것같이 우리도 빛 가운데 행하면 우리가 서로 사귐이 있고 그 아들 예수의 피가 우리를 모든 죄에서 깨끗하게 하실 것이요 만일 우리가 죄가 없다 하면 스스로 속이고 또 진리가 우리 속에 있지 아니할 것이요 만일 우리가 우리 죄를 자백하면 그는 미쁘시고 의로우사 우리 죄를 사하시며 모든 불의에서 우리를 깨끗하게 하실 것이요 만일 우리가 범죄하지 아니하였다 하면 하나님을 거짓말하는 이로 만드는 것이니 또한 그의 말씀이 우리 속에 있지 아니하니라   요일 1:3-10

많은 사람들은 이 구절들을 불신자와 관련해서만 사용합니다. 그러나 이것은 신자들에게 쓰여진 것이고, 삶에 있어서 죄 때문에 하나님과의 교제가 끊어진 그리스도인과 관련해서만 쓰여져야 마땅합니다.

위 구절에서 '교제'란 단어가 네 번이나 쓰인 것을 주목하십시오. 이것은 불신자가 아닌 신자에게, 첫째는 교제가 끊어지지 않도록 경고하기 위해, 둘째는 주님과의 교제를 회복하는 길을 알려 주는 목적으로 쓰인 것입니다.

6절에 "만일 우리가 하나님과 사귐이 있다 하고 어둠에 행하면 거짓말을 하고 진리를 행하지 아니함이거니와"라고 했습니다. 다른 말로 하면 만일 우리가 죄를 지어 하나님과 교제가 끊어진 상태에서 우리가 하나님과 아주 문제가 없다고 한다면 우리는 진리를 말하고 있는 것이 아니란 것입니다.

그러나 만일 우리가 우리의 죄를 고백하면 그는 "미쁘시고 의로우사 우리의 죄를 사하시며 우리를 모든 불의에서 깨끗하게 하실 것이요"라고 예수님은 말씀합니다.

여기서 우리가 확실하게 짚어 두어야 할 한 가지는 당신이 죄를 지으면 당신이 죄를 지었다는 사실을 안다는 것입니다.

당신이 잘못하는 그 순간에 당신 안에 있는 무엇인가가 당신에게 말할 것입니다. 당신의 새로 창조된 영이 즉시 당신이 죄를 지었다는 것을 당신에게 알게 해 줍니다. 당신이 어떤 식으로든지 과녁을 맞추지 못했을 때는(즉 죄를 지었을 때) 지체하지 마십시오.

바로 그 자리에서 주님의 용서를 구하십시오. 그분은 당신을 용서해 주실 것이고 당신은 주님과 교제하는 것을 계속할 수 있을 것입니다.

용서는 교제를 회복합니다

당신이 죄를 고백할 때, 주님은 그 순간에 당신을 용서해 주시고 당신은 마치 죄지은 적이 없는 것같이 주님의 임재 안에 서게 됩니다. 같은 죄를 반복해서 고백할 필요는 없습니다. 왜냐하면 그렇게 하게 되면 당신의 영 안에 연약함, 의심, 그리고 죄의식이 쌓이게 됩니다.

당신이 한번 죄를 고백했으면 주님은 당신을 용서하셨고, 그것을 잊으셨습니다. 주님은 그것에 대한 기억조차도 없으십니다. "나 곧 나는 나를 위하여 네 허물을 도말하는 자니 네 죄를 기억하지 아니하리라"(사 43:25)고 하셨고 예레미야 31장 34절에는 "내가 그들의 악행을 사하고 다시는 그 죄를 기억하지 아니하리라…"고 말씀하셨습니다.

하나님께서 당신과 교제가 끊어졌던 것을 기억하지 아니하시는데 왜 당신은 그것을 기억해야 합니까? 당신이 양심의 가책을 느끼게 하는 것은 성령님이 아니시고, 당신을 이용하려고 하는 사단입니다.

시편 103편 1-3절에 '내 영혼아 여호와를 송축하라 내 속에 있는 것들아 다 그의 거룩한 이름을 송축하라 내 영혼아 여호와를 송축하며 그의 모든 은택을 잊지 말지어다 그가 네 모든 죄악을 사하시며 네 모든 병을 고치시며…"라고 했습니다.

종종 사람들은 내게 와서 기도 부탁을 하며 말합니다. "주님께서 내 기도를 들으시는지 안 들으시는지 모르겠어요. 왜냐하면 제가 죄를 짓고 넘어졌거든요."

어쨌든 그들이 하나님께 용서를 구했다면 그분은 그들이 잘못한 것 중 어느 것도 기억하지 않으십니다. 그런데 왜 그들은 그것을 기억해야 합니까? 그들은 쓸데없이 말하고 있는 것입니다. 하나님께서 기꺼이 용서하시는 것과 같이 자기 자신을 기꺼이 용서하여야 합니다. 너무나 많은 사람들이 그들 자신을 용서하지 않음으로 본인의 믿음을 도적질 당하곤 합니다.

병고침 안에 있는 용서

너희 중에 병든 자가 있느냐 그는 교회의 장로들을 청할 것이요 그들은 주의 이름으로 기름을 바르며 그를 위하여 기도할지니라 믿음의 기도는 병든 자를 구원하리니 주께서 그를 일으키시리라 혹시 죄를 범하였을지라도 사하심을 받으리라

약 5:14-15

위 구절들은 종종 병고침을 위한 기도와 관련해서 사용되는데 그것은 옳기 사용되는 것입니다. 그러나 마지막 부분에 "혹시 죄를 범하였을지라도 사하심을 받으리라"고 한 것을 놓치지 마십시오.

종종 우리가 어떤 사람이 병든 것을 볼 때 그가 하나님과 교제가 끊어졌다고 생각하며 그가 무엇인가 잘못해서 이제 그 결과를 치룬다고 생각합니다. 때때로 끊어진 교제가 질병을 일으키기도 하지만 하나님 말씀은 "혹시 죄를 범하였을지라도, 사하심을 받으리라"고 하셨습니다.

나는 사람들이 넘어지고 죄를 지었기 때문에 병에 걸려 누워 있다고 막연히 생각하는 사람들을 알고 있습니다. 어쨌든 꼭 그런 것은 아닙니다. 성경 구절은 "믿음의 기도는 병든 자를 구원하리니 주께서 그를 일으키시리라; 혹시 죄를 범하였을지라도 사하심을 받으리라" 병고침 안에는 용서가 있습니다.

율법은 장차 올 좋은 일의 그림자일 뿐이요 참 형상이 아니므로 해마다 늘 드리는 같은 제사로는 나아오는 자들을 언제나 온전하게 할 수 없느니라 그렇지 아니하면 섬기는 자들이 단번에 정결케 되어 다시 죄를 깨닫는 일이 없으리니 어찌 제사 드리는 일을 그치지 아니하였으리요 그러나 이 제사들에는

해마다 죄를 기억하게 하는 것이 있나니 이는 황소와 염소의
피가 능히 죄를 없이 하지 못함이라 히 10:1-4

이것은 황소나 염소의 피가 죄를 없애지 못한다는 이야기입니다. 그들의 피는 단지 죄를 덮어 가렸을 뿐이어서 사람의 심령에는 죄가 남아 있기에 죄책감이 있습니다.

그러나 그리스도 안에 있는 속량redemption에는 하나님은 우리를 죄의식으로부터 구속하셨습니다. "만일 우리가 우리의 죄를 자백하면 그는 미쁘시고 의로우사 우리의 죄를 사하시며 우리를 모든 불의에서 깨끗하게 하실 것이요"(요일 1:9)

당신은 당신의 죄에 대한 더 이상의 자각이 없어야 합니다. 하나님도 기억하시지 않는데 왜 당신이 기억하십니까? 당신은 어떠한 확신과 담대함으로 하나님께 나와서, 하나님께서 당신의 기도를 들어주신다는 확신을 가지고 기도할 수 있는지를 알게 될 것입니다. 체험하게 될 것입니다.

기억해야 할 구절

"만일 우리가 우리의 죄를 자백하면 그는 미쁘시고 의로우사 우리의 죄를 사하시며 우리를 모든 불의에서 깨끗하게 하실 것이요"(요일 1:9)

12

하나님 말씀을 고백하는 것은 믿음을 세워 줍니다

핵심 진리

고백은 믿음을 표현하는 방법입니다. 믿음의 고백은 실재 reality를 창조합니다.

어떤 사람이 바르게 믿고 있는지는 그 사람이 말하는 것을 통해서 알 수 있습니다. 만일 그의 고백이 옳지 않으면 그가 믿고 있는 것은 잘못된 것입니다. 그의 믿는 것이 잘못되었으면 그의 생각도 잘못된 것이고 그의 생각이 잘못된 것은 그의 마음이 하나님의 말씀으로 새롭게 되지 않았기 때문입니다.

이 세 가지 즉 믿는 것, 생각하는 것, 말하는 것은 함께 움직입니다. 하나님께서는 우리가 생각하는 것을 바로 고치기 위해서 그분의 말씀을 주셨습니다.

고백이라는 주제로 우리는 세 가지의 고백에 대해서 이미 다루었는데 그것들은 유대인의 죄에 대한 고백, 오늘날 불신자들의 고백, 그리고 신자가 하나님과의 교제가 끊어졌을 때 하는 고백이었습니다.

이번 과에서는 하나님 말씀을 믿음으로 고백하는 것에 대해 나누겠습니다.

전과에서 언급했던 것과 같이 '고백'이란 단어가 쓰여질 때마다 우리는 본능적으로 죄나 실패를 생각합니다. 그것은 부정적인 측면인데 물론 부정적인 측면도 바르게 사용되어질 때 매우 중요하지만 고백에는 긍정적인 측면도 있으며 성경에서는 부정적인 것보다 긍정적인 것을 더 많이 말하고 있습니다.

고백은 우리가 심령 가운데 믿고 있는 무엇인가를 말하는 것입니다. 고백은 우리가 진리라고 알고 있는 어떤 것을 증거하는 것입니다. 고백은 우리가 받아들인 진리를 증언하는 것입니다.

고백의 5가지 부분

우리의 고백은 다음의 5가지를 중심으로 고백되어져야 합니다.
(1) 속량 계획 가운데 하나님이 우리를 위해 하신 일
(2) 그의 말씀과 성령을 통해 우리 안에서 하나님이 하시는 일
(3) 예수 그리스도 안에서 하나님 아버지께 우리는 누구인가에 대하여
(4) 예수께서 하나님 보좌 우편에서 우리를 위해 중보하시며 지금 하고 계신 일에 대하여
(5) 하나님께서 우리를 통하여 성취하시는 일에 대하여

고백의 역사와 말씀의 선포

또 이르시되 너희는 온 천하에 다니며 만민에게 복음을 전파하라 믿고 세례를 받는 사람은 구원을 얻을 것이요 믿지 않는 사람은 정죄를 받으리라 믿는 자들에게는 이런 표적이 따르리니 곧 그들이 내 이름으로 귀신을 쫓아내며 새 방언을 말하며 뱀을 집어 올리며 무슨 독을 마실지라도 해를 받지 아니하며 병든 사람에게 손을 얹은즉 나으리라 하시더라 주 예수께서

말씀을 마치신 후에 하늘로 올려지사 하나님 우편에 앉으시니라 제자들이 나가 두루 전파할새 주께서 함께 역사하사 그 따르는 표적으로 말씀을 확실히 증거하시니라 막 16:15-20

하나님께서는 우리의 입술을 통해 나온 그의 말씀으로 역사하십니다. 예수께서 "너희는 온 천하에 다니며 만민에게 복음을 전파하라"고 하셨습니다. 이것이 바로 하나님께서 우리를 통하여 일하시는 방법입니다.

우리는 구원받지 못한 자들에게 말씀을 전달합니다. 만일 우리가 하나님의 말씀을 세상에 전파하지 않는다면 하나님께 무엇인가 해 달라고 기도하는 것은 시간 낭비일 뿐입니다. 다시 말하면, 우리가 만일 구원받지 못한 어떤 사람에게 구원을 위한 복음을 전파하지 않고 그 사람을 구원해 달라고 기도하는 것은 소용없는 일입니다.

만일 우리가 기도함으로써 사람들을 구원받게 할 수 있다면 우리는 전 세계에 선교사들을 보내지 않아도 될 것이고 모든 이방인들이 하나님의 나라로 들어오도록 기도만 할 수 있었을 것입니다. 그러나 성령님은 하나님의 말씀과 연결되어질 때만 역사하십니다.

온 천하에 다니며 복음을 전파하라는 그리스도의 명령에 순종하여 제자들은 두루 다니며 말씀을 전파했고 주께서 그들과 함께 역사하사 따르는 표적으로 그 말씀을 증언하셨습니다. 하나님은 제자들이 말씀을 전파할 때까지는 아무것도 하지 않으셨습니다. 말씀을 전파했을 때 표적이 따랐던 것입니다.

표적sign은 어느 개인을 따라 나타나는 것이 아니라 하나님의 말씀을 따라 나타납니다. 말씀을 전파하십시오. 그러면 표적이 알아서 역사합니다. 당신이 표적을 따라 가는 것이 아닙니다. 표적이 말씀을 따라 옵니다.

마지막으로 목회했던 교회에서 나는 목회에 충분한 표적이 따르지 않는 것에 대해 크게 걱정하게 되었습니다. 나는 며칠 동안 기도방에 들어가서 더 많은 표적을 구했습니다.

마침내 주님께서 내게 말하셨습니다. "너는 내가 따르는 표적으로 내 말을 증거해 달라고 기도해왔다. 그러나 네가 할 일은 말씀을 전파하는 것뿐이고 나는 그 말씀을 확실히 증거할 것이다. 네가 만일 말씀을 전파한다면 표적은 따를 것이다. 만일 표적이 나타나지 않으면 너는 말씀을 전파하고 있지 않은 것이다."

나는 이 말씀을 듣고 매우 놀랐지만 내 설교를 면밀히 검토한 결과 그것이 사실이라는 것을 발견했습니다. 내 설교에는 많은 전통과 내 의견이 섞여 있었습니다. 하나님께서 전통을 따르는 표적으로 증거해 주시지는 않습니다.

내가 점점 더 묽어지지 않은 하나님의 말씀을 전파하기 시작했을 때 나는 더 많은 이적이 따르는 것을 보기 시작했습니다. 내가 더 많은 말씀을 전할수록 나는 더 많은 이적을 보게 되었습니다!

하나님은 오직 말씀을 따라서만 움직이십니다. 그분은 그의 말씀을 그의 이름 위에 높이셨습니다. 비록 우리가 인식하지 못하고 행했을지라도 만일 우리가 하나님의 말씀 다른 편에 있다면 우리는 하나님으로부터 도움받기를 기대할 수 없습니다. 우리는 하나님의 말씀을 마치 예수님께서 자연적 상태에 계실 때 우리가 그분께 보일 존경심으로 대접해야 합니다.

고백은 두려움을 내어 쫓습니다

두려워하지 말라 내가 너와 함께 함이니라 놀라지 말라 나는 네 하나님이 됨이라 내가 너를 굳세게 하리라 참으로 너를 도와 주리라 참으로 나의 의로운 오른손으로 너를 붙들리라

사 41:10

성경을 읽으면서 하나님께서 그의 자녀들에게 "두려워 말라"라고 몇 번이나 말씀하셨는지 주목해 본 적이 있습니까?

야이로가 예수님께 그의 딸을 고쳐 달라고 구했을 때, 주님께서는 그에게 "두려워하지 말고 믿기만 하라 그리하면 딸이 구원을 얻으리라"(눅 8:50)고 말씀하셨습니다. 예수께서 그의 제자들에게 설교하실 때 주님은 "적은 무리여 무서워 말라 너희 아버지께서 그 나라를 너희에게 주시기를 기뻐하시느니라"(눅 12:32)고 말씀하셨습니다.

구약 성경에 주님께서 이삭에게 나타나셔서 그의 아버지 아브라함에게 하셨던 언약을 새롭게 하시면서 "두려워하지 말라 내가 너와 함께 있어 너를 축복하리라"(창 26:24)고 말씀하셨습니다.

만일 하나님께서 "두려워하지 말라."고 하시고 우리를 그곳에 두고 떠나셨다면 우리는 "그렇지만 저는 두려운 것을 어쩔 수 없어요."라고 말할지도 모릅니다. 그러나 주님은 "내가 너와 함께 한다."라고도 말씀하십니다. 우리가 정말 하나님께서 우리와 함께 하시는 것을 믿으면서도 두려워할 수 있을까요? 아닙니다. 아직도 두렵다면 그것은 당신이 하나님을 의심하고 있기 때문입니다.

"그렇지만 저는 너무 약해서요."라고 누군가 말하면 하나님께서 "내가 너를 강하게 하리라."고 말씀하십니다.

"그렇지만 저의 힘으로는 아무것도 할 수 없어요."라고 누군가가 말하면 "내가 너를 붙들리라."고 하나님은 말씀하십니다.

나의 영혼이 눌림으로 말미암아 녹사오니 주의 말씀대로 나를 세우소서 … 주의 말씀을 열면 빛이 비치어 우둔한 사람들을 깨닫게 하나이다   시 119:28, 130

우리 자신이 약하고, 힘이 없어서 걱정과 문제로 눌리게 되는 것은 사실입니다. 그러나 우리가 약할 때 우리는 힘을 얻기 위해 그의 말씀을 바라봅니다.

"주의 말씀을 열면 빛이 비치어 우둔한 사람들을 깨닫게 하나이다" 우리는 "하나님께서 나와 함께 하신다", "내 안에 계신 이가 세상에 계신 이보다 크심이니라"(요일 4:4), "만일 하나님이 나를 위하시면 누가 나를 대적하리요"(롬 8:31)라고 고백할 수 있습니다.

당신은 불가능해 보이는 것 같은 문제에 대면하고 있습니까? 그 문제가 얼마나 불가능한가를 말하는 대신에 당신 안에 있는 그분을 바라보면서 "하나님이 지금 나와 함께 계신다."라고 말하십시오.

당신의 믿음의 고백이 하나님이 당신을 대신해서 일하시게 만든다는 것을 발견하게 될 것입니다. 그분이 당신 안에서 일어나셔서 당신에게 성공을 주실 것입니다.

고백은 믿음을 증가시킵니다

고백이 없는 믿음은 없습니다. 고백은 스스로를 표현하는 믿음의 방법입니다.

믿음은 사랑과 마찬가지로 심령, 즉 영의 것입니다. 말과 행동이 없는 사랑은 없다는 것을 우리는 압니다. 우리가 사람들을 이론적으로 사랑할 수도 없고, 이론적으로 사랑하지 않을 수도 없습니다. 그것은 심령의 일이기 때문입니다. 믿음도 역시 영 또는 심령의 일이며 우리는 고백이 없는 믿음은 있을 수 없다고 확실하게 말할 수 있습니다. 믿음은 고백으로 자라납니다.

신자들의 고백은 그 자신을 위해서 두 가지 일을 하는데, 첫째는 그가 누구인가를 확인시켜 주는 것이고, 둘째는 그의 삶의 경계를 정해주는 것입니다. 사람은 자신이 하는 고백 이상은 절대로 가질 수 없습니다.

> 내가 진실로 너희에게 이르노니 누구든지 이 산더러 들리어 바다에 던져지라 하며 그 말하는 것이 이루어질 줄 믿고 마음에 의심하지 아니하면 그대로 되리라   막 11:23

만일 우리가 무엇인가를 "할 수 없다."고 말하면 우리는 그것을 할 수 없습니다. 그러나 "할 수 있다."라고 말하면 우리는 할 수 있습니다. 마가복음 11장 23절에 따르면 그것이 믿음이든지 불신앙이든지, 성공이든지 실패든지, 병이든지 건강이든지, 우리는 우리가 말하거나 고백하는 것을 무엇이든지 갖게 됩니다.

대부분의 그리스도인들이 성실함에도 불구하고 약한 것은 그들이 그리스도 안에서 누구인지, 무엇인지에 대해 고백하는 것을 시도해 보지 않았기 때문입니다. 그들은 하나님이 어떻게 그들을 보고 계시는지 발견해서 그것을 고백해야 합니다.

이러한 특권들은 대부분 신약 성경의 서신서에서 발견되는데 서신서들은 교회를 위해서 쓰인 것이기 때문입니다. 하나님이 당신을 위해서 가지고 계신 것을 발견해서, 하나님 말씀이 그리스도 안에 있는 당신에게 선언하고 계신 것들을 담대하게 고백하십시오. 이렇게 할 때 당신의 믿음은 풍부해질 것입니다.

믿음이 묶여있는 이유는 하나님이 당신에게 누구라고 말한 대로 당신이 담대하게 고백한 적이 없기 때문입니다. 믿음은 당신이 고백하는 것 이상으로는 절대 자랄 수 없다는 것을 기억하십시오.

하나님 아버지가 당신에게 어떤 분인가, 하나님 우편에서 예수님이 당신을 위하여 하고 계신 일이 무엇인가, 당신 안에서 성령님이 무슨 일을 하고 계시는가에 대해 매일 당신이 하는 고백이 당신을 튼튼하고 긍정적인 믿음 생활로 세워 줄 것입니다. 그러면 당신은 어떠한 환경에서도 두렵지 않을 것입니다. 어떠한 질병도 두려워하지 않을 겁니다. 어떠한 조건도 두렵지 않을 것입니다. 당신은 삶을 두려움없이 대면하는 정복자가 됩니다. 정복자가 되기 위하여 당신은 고백하여야만 합니다. "그러나 이 모든 일에 우리를 사랑하시는 이로 말미암아 우리가 넉넉히 이기느니라We are more than conquerors"(롬 8:37)

열쇠가 되는 성경 구절인 로마서 10장 10절을 다시 보면 하나님의 믿음의 법God's law of faith을 요약한 상태로 볼 수 있습니다. "마음으로 믿어 의에 이르고 입으로 시인하여 구원에 이르느니라"

당신이 하나님으로부터 무엇을 구하든지 첫째로, 하나님의 말씀이 그것을 말하셨기 때문에 당신의 마음에 믿어야 합니다.

둘째로, 그것을 당신의 입으로 고백하여야 합니다. 예를 들면 구원받기 위해서는 예수께서 사람을 위하여 성경대로 죽으셨다가 그의 의를 위하여 죽은 자 가운데서 살아나신 것을 그의 마음에 믿고, 입으로 고백하여야만 합니다.

셋째로, 기도의 응답을 받거나 볼 수 있습니다. 그것을 믿고, 고백하고, 받으십시오.

"누구든지…그 말하는 것이 이루어질 줄 믿고 마음에 의심치 아니하면 무엇이든지 그가 말한 대로 얻으리라"(막 11:23)

하나님의 말씀을 배우면서 하나님의 말씀이 당신에 대해서 무엇이라고 말하는지, 당신이 누구인지, 예수 그리스도 안에서 당신이 가지고 있는 것이 무엇인지를 배워서 처음에는 그것들이 사실같이 느껴지지 않을지라도 고백을 시작하십시오.

"그렇습니다. 하나님 말씀에 의하면 그것은 내 것입니다!"

당신은 믿음의 고백이 실재reality를 창조하는 것을 그때 발견하게 될 것입니다.

기억해야 할 구절

"내가 진실로 너희에게 이르노니 누구든지 이 산더러 들리어 바다에 던져지라 하며 그 말하는 것이 이루어질 줄 믿고 마음에 의심하지 아니하면 그대로 되리라"(막 11:23)

13

그리스도 안에서 믿는 자의 특권인 고백

핵심 진리

우리가 그리스도 안에서 무엇인가를 알고 그것에 따라 생각할 때 – 우리가 그것을 믿고 고백할 때 – 우리에게 실패가 없습니다.

우리는 지난 과에서 고백의 다섯 가지 부분에 대하여 간략하게 배웠지만 우리가 무엇을 고백하여야 하는지 배우기를 열망하며 좀 더 세부적으로 들어갈 것입니다. 우리의 고백은 이 다섯 가지를 중심으로 고백되어져야 합니다.

(1) 하나님의 구원 계획 안에서 그리스도 안에서 우리를 위하여 하신 일.

(2) 하나님이 말씀과 성령을 통해 우리의 새로운 탄생과 성령 세례 안에서 우리에게 하신 일.
(3) 그리스도 예수 안에서 하나님께 우리는 누구인가?
(4) 예수님께서 하나님 우편에서 우리를 위해 중보하시며 지금 하시는 일.
(5) 하나님께서 우리를 통하여 하시는 일 또는 우리의 입술을 통해 그의 말씀이 하시는 일.

그리스도 예수 안에 있는 우리의 특권을 발견해 냄

고백은 우리가 알고 있는 것을 증언하는 것입니다. 알지 못하는 것을 증언한다는 것은 불가능합니다. 실제로 중요한 것은 주 예수 그리스도에 대하여 우리가 개인적으로 아는 것과 우리가 그리스도 안에서 누구이냐 하는 것입니다.

먼저, 우리는 주님에 대하여 개인적으로 알 수 있습니다. 가장 중요한 것은 거듭나는 일이지만 어떤 사람이 거듭났다고 해서 그 사람이 반드시 성공적인 그리스도인이 되는 것은 아닙니다. 그는 그리스도 예수 안에서 그 자신이 어떤 사람인가를 알아야만 합니다. 우리가 그리스도 안에서 무엇인가를 알고, 그것을 따라 생각하며 그것을 믿고 고백하면 우리에게 실패는 없습니다.

그리스도 안에서 우리가 어떤 사람인가를 발견하려면 우리는 하나님의 말씀을 보아야 합니다. 신약 성경, 특별히 교회에게 쓴 서신서를 읽으면서 '그 안에서in Him', '그리스도 안에서in Christ', 또는 '그 안에서in Whom'라는 표현이 들어간 성경 구절들에 빨간 펜으로 밑줄을 그으십시오. 몇 장의 종이에다가 이 모든 성경 구절들을 쓰시면 더욱 좋습니다.

당신이 그것들을 발견하는 순간부터, 그리스도 안에서 당신이 누구인가 그리고 무엇을 가지고 있는가 고백하기를 시작하십시오.

만일 당신이 이렇게 한 후 며칠만 지나면 당신의 삶이 달라질 것이라는 것을 저는 보증합니다.

시간이나 공간이 허락하지 않을 때에도 이 성경 구절들로 돌아가서 몇 개만이라도 보아야 합니다.

> 그런즉 누구든지 그리스도 안에 있으면 새로운 피조물이라
> 이전 것은 지나갔으니 보라 새 것이 되었도다   고후 5:17

'그리스도 안에서'란 표현을 주목하십시오. 믿는 자들이 그것을 믿고 고백한다는 것이 얼마나 혁명적인 일입니까!

우리는 그리스도 예수 안에서 새로운 피조물입니다. 우리는 단지 용서받은 죄인이 아닙니다. 가난하고, 약하고, 비틀거리며, 죄 지으며 겨우 살아가는 교회의 일원이 아닙니다.

우리는 그리스도 예수 안에서 하나님이 지으신 새로운 피조물입니다. 하나님의 생명과 하나님의 본성과 하나님의 능력을 우리 안에 가진 새로운 피조물입니다.

17세의 갓 태어난 그리스도인으로서, 많은 사람들이 가지고 있는 그런 문제들이 제게는 없었는데 그것은 구원받은 즉시 모든 사람에게 "나는 새 피조물이예요."라고 말했기 때문입니다. 나는 어느 곳에 가든지 하나님이 내 삶 안에 주신 그리스도의 구원하시는 은혜를 간증하곤 했습니다. 나는 그것을 더 많이 말하면 말할수록 새로운 창조가 내게 더 사실적이 되는 것을 발견했습니다. 왜냐하면 우리가 바로 새 창조물이기 때문입니다. 나는 영혼을 구원하는데 활발했습니다.

감옥에서 드리는 예배에서 설교도 하였고, 길거리에서도 전도했고 또한 교회에서도 일했습니다.

하루는 내가 길 모퉁이에 서 있는데 내가 아는 한 소년이 와서 그의 부탁을 들어줄 수 있냐고 물었습니다.

"이런 일을 너에게 부탁하고 싶지 않은데, 내가 다른 동네에서 온 내 여자친구의 사촌을 위해 데이트 상대를 데려가기로 약속했거든. 지금 나랑 같이 가서 날 좀 도와줄래? 그렇게 해주면 그 은혜 잊지 않을게. 30~40분 이상은 걸리지 않을 것과 또 우리가 그곳에 있는 동안 담배나 술이나 춤 같은 것은 안할 것을 약속해."

나는 마지못해 따라 갔습니다.

우리가 그 애의 여자 친구 집에 가자 그녀는 그의 사촌에게 나를 소개했습니다. 그들은 우리가 앉자마자 축음기에 레코드 판을 올려놓고 춤을 추기 시작했습니다. 그녀의 사촌이 내게 춤추자고 제안했을 때 나는 "아닙니다. 나는 춤을 추지 않아요."라고 말했습니다.

그녀는 나를 마치 화성에서 온 사람처럼 바라보며 말했습니다.

"춤을 안춘다구요? 왜요?"

"나는 새 피조물이기 때문이지요."하고 나는 대답했습니다.

"당신이 새 피조물이라는 게 무슨 말인데요?"

나는 고린도후서 5장 17절 말씀을 그녀에게 말해 주었습니다. "그러므로 누구든지 그리스도 안에 있으면 새로운 피조물이라 이전 것은 지나갔으니 보라 새것이 되었도다"

"나도 한때는 춤을 춘다거나 하는 일에 대해서 흥미가 있었지만 이제 내 삶은 달라졌습니다. 나는 그리스도 안에서 새로운 흥미와 새로운 열망을 가진 새 피조물이 되었어요."

레코드는 계속 돌아가고 나머지 둘은 춤을 추고 있는 동안 나는 그리스도 안에서 내 믿음의 간증을 그녀에게 들려주었습니다. 말씀이 그녀의 심령을 사로잡기 시작했고 그녀는 울기 시작했습니다. 그 레코드가 다 끝났을 때야 그 소년은 무슨 일이 일어나고 있는지 알았습니다. 그는 나에게 돌아서서 "가자!"고 말하고 나를 바로 집으로 데려 왔습니다.

감옥이든지, 길거리든지, 학교나 교회든지, 내가 어디 있든지 상관없이 나는 내가 만나게 된 모든 사람에게 내가 거듭났다는 것과 내가 그리스도 예수 안에서 새로운 피조물이라는 것을 증거하는 일에 게으르지 않았습니다. 만일 우리가 그것을 고백하면 그 고백이 우리의 삶을 크게 변화시킵니다. 나는 내가 그리스도 예수 안에서 새로운 피조물이라고 항상 고백했기 때문에 세상적인 일에 유혹을 받지 않았던 것입니다.

율법의 저주로부터의 구속

우리는 그리스도 안에서 그의 은혜의 풍성함을 따라 그의 피로 말미암아 속량 곧 죄 사함을 받았느니라 이는 그가 모든 지혜와 총명을 우리에게 넘치게 하사   엡 1:7-8

"그리스도 안에서 속량함을 받았으니…"라는 말에 주목하십시오. 우리가 그것을 얻기 위하여 노력할 필요 없이 이미 그것을 가지고 있다는 것이 얼마나 감사한 일입니까! 그것을 언젠가 갖게 될 것이 아니고 우리는 지금 그것을 가지고 있습니다.

사단의 지배는 깨어졌습니다. 우리가 새로운 피조물이 되던 그 순간에 사단은 우리 삶을 지배하던 권세를 잃어버린 것입니다. 우리는 새로운 주를 갖게 되었고, 예수 그리스도께서 우리를 통치하십니다. 사단이 '우리의 주'이었으나, 지금은 예수님이 우리의 주님이십니다(로마서 10장 9절에 말하기를 "네가 만일 네 입으로 주 여수…"를 고백하면, 또는 "예수를 주로 고백하면"이라고 했습니다).

우리가 그분을 주님으로 고백하여 거듭나던 순간부터 사단의 지배는 끝났고 예수님의 지배가 시작된 것입니다.

우리가 무엇으로부터 누구로부터 속량함을 받았을까요? 이런 질문을 하면 많은 사람이 "죄로부터 속량함을 받았지요."라고 대답합니다. 그것도 정답 중의 일부이지만 그것이 전부는 아닙니다. 갈라디아서 3장 13절에 "그리스도께서 우리를 위하여 저주를 받은 바 되사 율법의 저주에서 우리를 속량하셨으니 기록된 바 나무에 달린 자마다 저주 아래 있는 자라 하였음이니라"고 말씀하셨습니다. 우리는 율법의 저주로부터 속량함을 받은 것입니다.

율법의 저주가 무엇인지 알려면 우리는 먼저 성경의 모세 오경으로 돌아가야만 합니다. 거기서 우리는 하나님의 법을 범한 저주 또는 형벌이 세 분야라는 것을 알 수 있는데 그것은 바로 가난, 질병, 둘째 사망입니다.

하나님께서 우리를 가난의 저주로부터, 질병의 저주로부터, 죽음의 저주로부터(지금은 영적 사망, 그리고 주님께서 다시 오실 때는 육체적 죽음) 속량하셨습니다. 우리는 둘째 사망을 두려워할 필요가 없습니다.

> 우리가 그를 힘입어 살며 기동하며 존재하느니라 너희 시인 중 어떤 사람들의 말과 같이 우리가 그의 소생이라 하니
>
> 행 17:28

우리가 수없이 간과해 버린 얼마나 광대한 능력의 보고입니까! 우리의 구세주며 주님이신 그리스도 안에서 우리는 불가능한 일을 가능케 할 생명과 에너지와 힘을 가지고 있습니다.

우리 자신이 이 모든 일을 할 수 있다는 것이 아닙니다. 그분을 통해서 그분의 능력을 통해서 할 수 있습니다. 우리가 그를 힘입어 살며 기동하며 존재하기 때문입니다.

사단의 능력으로부터 풀려남

'그 안에서in Him', '그리스도 안에서ir Christ'라는 표현은 사용하지 않았지만 우리가 그분 안에서 무엇을 가지고 있는가에 대해 같은 메시지를 전달하고 있는 다른 두 구절을 보겠습니다.

"그가(하나님께서) 우리를 흑암의 권세에서 건져내사 그의 사랑의 아들의 나라로 옮기셨으니"(골 1:13)

이 구절은 우리가 흑암의 권세, 즉 사단의 능력으로부터 풀려 났다고 말합니다.

"자녀들아 너희는 하나님께 속하였고 또 그들을 이기었나니 이는 너희 안에 계신 이가 세상에 있는 자보다 크심이라"(요일 4:4)

구약 성경에서 이 성경 구절의 짝은 이사야 41장 10절입니다.

"두려워하지 말라 내가 너와 함께 함이라. 놀라지 말라 나는 네 하나님이 됨이라 내가 너를 굳세게 하니라. 참으로 너를 도와 주리라. 참으로 나의 의로운 손으로 너를 붙들리라"(사 41:10)

우리는 이 구절을 우리 자신의 개인적 메시지로 만들 수 있습니다. 왜냐하면 우리는 새 언약 아래 있기 때문입니다. 우리는 "하나님께서 내 안에 계시니 감사합니다."라고 말할 수 있습니다. 이것은 우리가 두려워할 필요가 없는 최고의 이유입니다.

한 여인이 내게 말했습니다.

"그렇지만 내 삶은 그렇지가 않아요. 정말 그렇지 않아요."
그래서 제가 대답했습니다.
"하나님은 그렇다고 하시고 당신은 그렇지 않다고 하니 당신이나 하나님, 둘 중의 한 분이 거짓말하고 있군요. 만일 당신의 어머니 앞에 서서 엄마는 거짓말쟁이라고 말해야 한다면 기분이 좋지 않으시겠지요? 당신이 하나님 앞에 서서 '당신의 말씀은 진리가 아닙니다. 그것은 맞지 않아요, 당신은 거짓말쟁이입니다' 라고 말하면서 어떻게 기분 좋을 것을 기대합니까? 이런 상황을 고치려면 당신은 삶 속에서 그렇게 느끼든지 못 느끼든지 하나님의 말씀은 맞다고 고백을 하는 것을 시작하십시오. 그러면 그것이 실제가 되어 버립니다."

우리는 하나님의 말씀을 따라서 우리의 사고를 고쳐야만 합니다. 그럴 때에 우리가 믿는 것이 바른 것입니다. 우리가 바로 믿을 때 하나님의 말씀이 우리에 대하여 무엇이라고 말씀하시는지 고백(말하다, 확언하다, 증언하다, 간증하다)할 수 있습니다. 그러면 우리는 성공하게 됩니다. 그때 우리의 삶은 달라집니다.

기억해야 할 구절

"우리가 그를 힘입어 살며, 기동하며 존재합니다"(행 17:28)

14

바른 고백과 잘못된 고백

핵심 진리

우리의 입술로 하는 고백은 하나님이나 사탄, 둘 중의 하나가 우리를 지배하게 만듭니다.

성경은 하나님의 말씀이고 하나님의 생각을 내포하고 있습니다. 그리고 물론 하나님의 생각은 사람의 생각과 다릅니다.

> 이는 내 생각이 너희의 생각과 다르며 내 길은 너희의 길과 다름이니라 여호와의 말씀이니라 이는 하늘이 땅보다 높음 같이 내 길은 너희의 길보다 높으며 내 생각은 너희의 생각보다 높으니라   사 55:8-9

우리가 하나님의 말씀을 배우고 그의 생각을 알게 되면, 하나님의 말씀을 따라 우리가 생각을 고침으로써 하나님을 좇아 감히 하나님과 같이 생각할 수 있습니다.

우리는 고백에 관하여 배울 때, 우리의 고백이 잘못되면 그 이유는 우리가 믿는 것이 잘못된 것이고, 우리가 믿는 것이 잘못된 것은 우리의 생각이 잘못된 것임을 배웠습니다. 또 만일 우리의 생각이 잘못되었다면 그것은 우리의 마음이 하나님의 말씀으로 새로워지지 않았기 때문입니다.

때때로 하나님의 말씀이 가르치는 것이 보통 사람에게는 비합리적으로 느껴질 수도 있는데, 그러나 그것은 그의 마음이 말씀으로 말미암아 새로워지지 않았기 때문입니다.

마가복음 11장 22-24절 "…하나님을 믿으라Have faith in God" 또는 "하나님과 같은 믿음을 가지십시오Have God-kind of faith" "내가 진실로 너희에게 이르노니 누구든지 … 그 말하는 것이 이루어질 줄 믿고 마음에 의심치 아니하면 그대로 되리라 그러므로 내가 너희에게 말하노니 무엇이든지 기도하고 구하는 것은 받은 줄로 믿으라 그리하면 너희에게 그대로 되리라"

확대 번역 성경은 24절을 "이러한 이유로 내가 말한다. 무엇이든지 기도하고 구한 것은 너희에게 당연히 이루어질 것이고 너희는 그것을 얻게 될 것이라는 것을 믿으라(신뢰하고 확신하라)"고 썼습니다.

그리스도인에게 일어나는 가장 큰 일은 그가 영적 영역 안으로 들어갈 때입니다. 그의 지성과 육체적 감각은 영적 영역으로 들어가는 한 걸음 한 걸음다 못 들어가게 하려고 막을 것입니다. 왜냐하면 하나님 말씀으로 새로워지지 않으면 마음은 자연적인 영역에 머물고 싶어하기 때문입니다. 그러나 우리에게는 영적 영역이 있고 이곳이 그리스도인이 살아야 할 영역입니다.

바른 고백과 잘못된 고백

잘못된 생각과 잘못된 믿음, 잘못된 고백에 대해 배우기 위해 질문해 봅시다. 무엇이 잘못된 고백입니까?

잘못된 고백은 패배와 실패와 사단의 우월함 등을 고백하는 것입니다. 실패를 고백하게 함으로써 마귀는 당신을 성공하지 못하게 하고 당신을 억압하며 계속 아프도록 합니다. 그런 고백들은 마귀를 높여 줍니다.

우리가 전 과에서 말했듯이 고백이란, 우리가 가지고 있는 진리를 증거하는 것이고, 우리가 아는 것을 증언하는 것이며, 우리가 믿고 있는 무엇인가를 확신하는 것입니다. 종종 우리의 고백은 그 문제에 대하여 하나님의 말씀이 무엇이라고 말씀하고 계신가를 증거하기보다는 패배를 인정하고 마귀를 높여주곤 합니다.

우리 중 몇몇은 교회에 일어서서 간증하는 가엾은 모 자매님같이 말합니다.

"마귀가 한 주일 내내 나를 따라 다녔어요. 주님께 영광을 돌립니다bless his holy name."

우리의 간증 중 많은 경우, 우리는 그리스도의 다스리심보다는 사단의 우월함supremacy에 대해 더 많이 증거합니다! 하나님께서 우리에게 무엇을 해 주셨는지 간증할 때 하나님을 영화롭게 하는 것입니다.

이와 마찬가지로 사단이 우리에게 어떤 일을 하였나를 말하고, 우리가 패배하고 실패한 일들을 말하는 것은 마귀를 높이는 것입니다. 많은 사람들은 잘못된 고백을 함으로 말미암아 하나님이 그들에게 주신 축복을 잃어버립니다. 그들은 패배당했기에 삶이 고달파집니다.

실제로 마귀를 높이는 고백은 하나님이 실패자라는 무의식적인 선포입니다! 이런 고백은 우리의 믿음을 파괴하고 우리를 억압하게 합니다. 우리를 방해하고 성공하지 못하게 하는 사단의 능력을 고백하는 것은 사단이 우리를 지배하도록 만드는 것입니다.

그러므로 당신은 당신의 입으로 하나님께서 당신을 다스리게 할 수도 있고 사단이 당신을 다스리게 할 수도 있습니다. 당신의 심령 안에서 믿음으로 말미암은 입술의 고백은 모든 전쟁에서 마귀를 철저하게 패배시킬 것입니다.

우리는 구원받을 때 예수의 주 되심을 고백합니다. 주님이 우리를 지배하기 시작하고 우리의 삶을 다스리십니다. 그러나 그리스도인이라 할지라도 우리를 방해하고 성공하지 못하도록 하는 사단의 능력을 고백할 때, 그것은 사단에게 우리를 지배하도록 만드는 것입니다. 마귀는 이 세상 임금이므로 그는 우리의 삶에 즉시 들어 올 것입니다. 그가 그렇게 하도록 우리가 허락했으니까요. 그것이 무지에서 온 허락이거나 무의식의 동의라 하더라도 어쨌든 그것은 동의입니다. 그리고 사단이 지배하면 우리는 연약함과 두려움으로 가득 차게 됩니다.

두려움과 의심을 극복하기

하나님이 우리에게 주신 것은 두려워하는 마음이 아니요 오직
능력과 사랑과 절제하는 마음이니　　　　　　　딤후 1:7

우리가 가끔 자연적으로 두려움을 느낀다 하더라도 우리는 그 두려움을 고백해서는 결코 안됩니다. 두려움은 하나님으로부터 온 것이 아닙니다. 위의 성경 구절에서 하나님은 우리에게 두려워하는 영을 주시지 않았고 오직 능력과 사랑과 절제하는 마음을 주셨다고 했습니다.

두려움은 당신을 잡기 위해 당신의 속으로부터 나오는 것이 아닙니다. 그것은 당신을 잡으려고 당신의 밖으로부터 오는 것입니다. 그것은 적으로부터 옵니다. 우리는 두려움을 고백하지 말고 오히려 능력과 사랑과 절제하는 마음을 고백해야 합니다.

의심의 경우도 마찬가지입니다. 의심을 고백하지 마십시오. 제가 말하는 것은 당신이 의심을 가지고 있는 것을 인정하지 말라는 것이 아니고 의심에 대하여 아무 말도 하지 말라는 것입니다. 의심은 마귀가 주는 것입니다. 의심은 밀수품과 같고, 의심은 악입니다. 그리스도인들은 의심에 대해 말할 필요가 없습니다. 왜냐하면 그것은 그리스도인에게 속한 것이 아니기 때문입니다.

많은 사람들은 그들의 의심하는 것에 대해 고백하는 것을 그들이 정직한 것이라고 생각합니다. 당신이 의심하도록 유혹 받았다 하더라도 당신이 마귀를 대적하므로 도망가게 만들 수 있습니다.

그러므로 의심을 고백하지 마십시오. 믿음을 고백하십시오.

당신이 그리스도 안에서 누구인가, 무엇인가를 말하기 시작하십시오. 당신은 믿는 자입니다. 당신은 새로운 피조물입니다. 그것을 믿고, 그것을 말하고, 그것을 생각하십시오. 만일 당신이 유혹을 받았다면 - 우리 중 유혹도 받지 않을 사람은 없습니다 - 마귀를 대적하십시오. 그러면 당신을 피할 것입니다(약 4:7). 예수 그리스도 이름으로 의심을 거절하십시오. 그러면 의심이 당신을 떠날 것입니다.

하나님 말씀을 고백하기

의심과 두려움을 고백하는 대신 하나님의 말씀이 말하는 것을 고백하십시오. 하나님께서 "두려워하지 말라 내가 너와 함께 함이라…"(사 41:10)고 하셨습니다. 그러므로 당신은 이렇게 말할 수 있습니다.

"나는 두렵지 않습니다. 나는 하나님의 자녀이고, 하나님이 나와 함께 하십니다. 하나님이 주신 것은 두려워하는 마음이 아니고, 능력과 사랑과 근신하는 마음입니다. 나는 의심하는 자가 아니고 믿는 자입니다."

의심과 두려움이 섞인 마귀의 언어를 말하는 것을 멈추십시오. 하나님의 믿음의 언어를 말하기 시작하십시오. 하나님은 믿음의 하나님이십니다. 우리는 믿음의 하나님의 믿음의 자녀들입니다.

내가 인도하던 집회에서 한 여인이 정신요양병원에 가 있는 그녀의 동생에 대해 나에게 말했습니다. "그 애는 아주 심한 상태는 아니지만 전문적인 보살핌이 필요한 상태예요. 그 애는 말도 알아들어요. 저는 가끔 그 애를 데려다가 두 주쯤 같이 집에 머물게 하는데, 저는 오늘 그 애를 데려다가 이 집회에 참석하게 하려고 해요. 사람들이 그 애를 도와줄 것을 믿어요."

나는 2주 동안 아픈 사람을 위해 기도한 적이 없었지만 그녀는 매일 예배 때마다 참석했습니다. 하나님 말씀을 듣는 것만으로 그녀의 마음은 깨끗이 치료받아 다시 요양병원으로 돌아가지 않았습니다. 의사 선생님은 그녀가 완치되었다는 증서를 써 주어 그녀를 내 보냈습니다. 과거에는 그녀가 패배와 두려움과 의심이 그녀의 일부가 될 때까지 고백해 왔던 것입니다. 그러나 말씀이 선포되는 것을 들었을 때 그녀는 잘못된 것을 발견했습니다. 그녀는 옳은 것을 고백하기 시작했고 그녀는 나았습니다.

이 자매가 놀랍게 회복되어지는 것을 보고 그 교회에 있는 다른 여인이 주립정신병원에 가기로 되어 있는 그녀의 이웃을 데려오기로 감동을 받았습니다. 그 부부는 그리스도인이 아니었지만 그녀의 이웃을 따라 교회에 가는 것에 동의하였습니다. 일주일 내에 그 여인도 구원받고 병고침도 받고 성령 세례도 받았으며, 정신병원에도 가지 않았습니다.

사람들은 육체적인 병에 걸리듯이 정신병에도 걸릴 수 있는데, 하나님께서는 육체적인 병을 치유하시듯이 쉽게 정신적인 병을 치유하십니다. 우리는 두려움의 영은 하나님이 주신 것이 아니라는 것을 인정해야 합니다. 우리는 적에게 대항해서 서는 것을 배워야 합니다.

두려움을 고백하게 되면 두려움이 당신을 지배하게 만드는 것이라는 것을 기억하십시오. 당신의 두려움은 점점 강해져서 대적의 억압 속으로 들어가게 됩니다. 하나님 아버지의 보살핌을 고백하고, 그의 보호하심을 고백하고, 그의 말씀을 고백하고, 하나님께서 당신에 관하여 하신 말이 모두 진리라고 담대하게 고백하십시오. 당신 안에 있는 이가 세상에 있는 자 보다 크다고 고백하십시오. 당신은 매번 사단의 영향력을 초월할 것입니다.

당신이 의심과 두려움, 연약함과 병들을 고백할 때 당신은 하나님의 말씀이 사실이 아니고, 하나님은 하나님의 말씀이 역사하도록 하지 못했다고 공개적으로 고백하는 것입니다. 그의 말씀은 그가 채찍에 맞음으로 너희가 나음을 입었다고 선포합니다.

친히 나무에 달려 그 몸으로 우리 죄를 담당하셨으니 이는 우리로 죄에 대하여 죽고 의에 대하여 살게 하려 하심이라 그가 채찍에 맞음으로 너희는 나음을 얻었나니 　　　벧전 2:24

이는 선지자 이사야를 통하여 말씀에 우리의 연약한 것을 친히 담당하시고 병을 짊어지셨도다 함을 이루려 하심이더라
　　　　　　　　　　　　　　　　　　　　　마 8:17

예수께서 우리의 연약함을 담당하시고 병을 짊어지셨다고 고백하는 대신 우리는 아직도 질병을 가지고 있다고 고백하면 우리는 끝끝내 환자로 남아 있게 될 것입니다. 그러나 우리가 예수께서 이미 우리의 질병을 위해서 하신 일을 고백한다면 우리는 병고침을 받게 됩니다.

너무도 자주 우리는 하나님의 말씀이 증거하는 것보다 우리의 육체적 감각이 증거하는 것을 받아들입니다. 우리는 하나님의 말씀이 우리를 위해 일하시도록 하나님 말씀을 연습해야만 합니다.

기억해야 할 구절

"하나님이 우리에게 주신 것은 두려워하는 마음이 아니요 오직 능력과 사랑과 절제하는 마음이니"(딤후 1:7)

15

축복을 위한 믿음

핵심 진리

거듭난 신자로서 우리는 모든 율법의 저주에서 속량되었고, 아브라함의 축복blessing과 번영케 하신다는 하나님의 약속들을 받은 상속자입니다.

수년 동안 나는 하나님의 자녀가 형통하는 것이 하나님의 뜻이라는 사실을 이해하지 못했습니다. 나는 많은 사람이 그렇듯이 가난이 죤손의 특징이고 겸손하기 위해서는 사람은 가난해야만 한다고 생각했습니다. 의로운 사람은 부요할 수 없고 부자는 의로울 수 없다고 생각했습니다.

성경에 나타나 있는 물질적인 축복과 관계되는 성경 구절들은 오직 유대인에게만 적용된다고 생각했습니다. 그 이후로 나는 하나님의 말씀 공부를 통하여 하나님은 그의 자녀가 영혼이 잘됨과 같이 범사가 잘되고 강건하기를 원한다는 사실을 배워서 나의 삶에 적용하고 있습니다(요삼 2절).

어떤 사람은 "성경은 돈이 모든 악의 뿌리라고 말씀하고 있습니다."라고 말할지 모릅니다. 어쨌든 성경은 전혀 그렇게 말하고 있지 않습니다. 디모데전서 6장 10절은 말씀합니다.

"돈을 사랑함이 일만 악의 뿌리가 되나니 이것을 탐내는 자들은 미혹을 받아 믿음에서 떠나 많은 근심으로 자기를 찔렀도다"

사람은 단돈 10원이 없이도 이러한 죄를 지을 수 있습니다!

저는 사람들이 "글쎄요, 나는 아마 또 하나의 욥인 것 같아요."라고 말하는 것을 들어 왔습니다. 어떤 사람은 가엾고 나이 많은 욥이 평생 가난에 찌들고 병들고 어려움을 겪었다고 생각합니다. 그러나 욥기 전체는 9개월 동안 일어난 일이고 마지막 장에서는 하나님께서 욥의 곤경captivity을 돌이키시고 "주님께서 욥에게 이전 모든 소유보다 갑절이나 주셨다"(욥 42:10)고 말합니다.

도둑이 쳐들어 와서 욥의 물건들을 도적질했을 때, 그는 사단의 포로였습니다. 불이 나서 모든 곡식이 타버렸을 때도 그는 사단의 포로였습니다. 폭풍이 불어오고 그의 집을 휩쓸고 그의 자녀들이 깔려 죽었을 때도, 욥이 머리끝부터 발끝까지 종기가 났을 때도, 그의 아내가 그에게 대항하며 차라리 하나님을 저주하고 죽으라고 말할 때에도 욥은 사단의 포로였습니다. 그러나 하나님은 욥의 포로됨captivity을 돌이키셨습니다.

만일 당신을 또 하나의 욥이라고 생각한다면 그것은 당신이 주변에서 가장 부자 중의 한 사람이 될 것이라는 것을 의미합니다! 당신은 전에 가졌던 소유보다 갑절이나 갖게 될 것입니다. 당신은 병고침을 받을 것이고 오래도록 살 것입니다(욥은 성경에 기록된 그 일이 있은 뒤 140년을 더 살았습니다). 만일 당신이 또 하나의 욥이라면 당신은 형통할 것입니다.

율법의 저주로부터 속량되었습니다

그리스도께서 우리를 위하여 저주를 받은 바 되사 율법의 저주에서 우리를 속량 하셨으니 기록된 바 나무에 달린 자마다 저주 아래에 있는 자라 하였음이라 이는 그리스도 예수 안에서 아브라함의 복이 이방인에게 미치게 하고 또 우리로 하여금 믿음으로 말미암아 성령의 약속을 받게 하려 함이라 … 너희가 그리스도의 것이면 곧 아브라함의 자손이요 약속대로 유업을 이을 자니라   갈 3:13-14, 29

위의 성경 구절들은 그리스도께서 우리를 율법의 저주에서 속량하셨다고 우리에게 말합니다. 그렇다면 율법의 저주가 무엇일까요?

우리는 이 대답을 얻기 위하여 모세 오경이라고도 하고, 율법 책들이라고도 하는 구약의 처음 다섯 권의 책으로 가야 합니다. 거기서 우리는 하나님의 법을 어긴 그 저주 또는 형벌은 세 가지 분야임을 배우게 됩니다. 가난, 질병, 그리고 둘째 사망이 바로 그것들입니다.

그리스도께서 우리를 가난의 저주에서 속량하셨습니다. 그분은 우리를 질병의 저주에서 속량하셨습니다. 그분은 우리를 죽음의 저주로부터 우리를 속량하셨습니다. 그것은, 지금은 영적 죽음이고 예수께서 다시 오실 때는 육체의 죽음을 말하는 것이지만 우리는 둘째 사망을 두려워 할 필요가 없습니다.

아브라함의 복

저주가 세 가지 영역이었던 것과 같이 아브라함의 복도 세 가지 영역입니다. 첫째는 물질적·재정적 복이고, 둘째는 육체적인 복이며, 셋째는 영적 복입니다.

신약 성경 요한삼서 2절 말씀도 하나님께서는 우리가 물질적으로, 육체적으로, 그리고 영적으로 형통하기를 원하신다고 동의하고 있습니다. 그것은 이렇게 말합니다.

"사랑하는 자여 네 영혼이 잘됨과 같이 범사가 잘 되고 강건하기를 간구하노라"

많은 사람들은 성경에 있는 물질적인 축복과 번영에 관계된 약속들이 유대인들만을 위한 것이란 생각을 가지고 있습니다. 그러나 이 구절들은 신약의 그리스도인들에게 쓰여진 것입니다.

'유대인Jew'이란 말은 '유다Judas'의 약칭 또는 별명입니다. 이스라엘 사람들이 종족들로 나뉘기 전까지는 유대인이라고 불리지 않았습니다. 유다 족속이 이스라엘의 다른 종족들보다 더 많은 물질적, 재정적 축복의 약속을 가지지 않았습니다. 그들은 아버지 야곱으로부터 축복을 받았습니다. 야곱은 그의 아버지 이삭을 통하여 상속받았습니다. 이삭은 그의 아버지 아브라함을 통하여 상속받았습니다. 그러므로 이것은 유대인의 축복이나 약속이 아닙니다. 그것은 이스라엘의 축복이 아니고 그것은 아브라함의 축복입니다. 그리고 그 축복은 나의 것입니다!

"이는 그리스도 예수 안에서 아브라함의 복이 이방인에게 미치게 하고"(갈 3:14)

이 갈라디아서 3장에서 우리는 "믿음으로 말미암은 자들은 아브라함의 자손인 줄 알지어다"(7절)라고 한 것을 읽을 수 있습니다. 만일 우리가 거듭난 그리스도인이라면 "곧 너희는 아브라함의 자손이요 약속대로 유업을 이을 자니라"(갈 3:29)

이 성경 구절들이 내게 분명해진 후에 나는 그리스도 안에서 믿음을 통하여 하나님의 자녀인 나에게 속해 있는 것이 무엇인지 보게 되었고, 다른 성경 구절들이 내게 열려지기 시작했습니다. 모든 것은 하나님께 속해 있고, 하나님께서 마음대로 하실 수 있는 것입니다.

"이는 삼림의 짐승들과 뭇 산의 가축이 다 내 것이며…세계와 거기에 충만한 것이 내 것임이로다"(시 50:10, 12)

"땅과 거기에 충만한 것과 세계와 그 가운데 사는 자들은 다 여호와의 것이로다"(시 24:1)

하나님께서 모든 것을 창조하시고 그 후에 인간 아담을 지으셔서 그에게 모든 것을 다스릴 통치권을 주셨습니다. 하나님은 그 모든 것을 아담을 위해 지으신 것입니다. 하나님은 아담에게 수천 개의 언덕에 살고 있는 가축과 은과 금과, 세계와 그곳에 충만한 모든 것 위에 다스리는 통치권을 주셨습니다.

그러나 아담은 대 반역죄를 지었고 통치권을 사단에게 팔아버렸습니다. 그래서 사단은 이 세상의 왕이 된 것입니다. 그렇지만 예수님은 우리를 사단의 능력과 지배로부터 속량하시기 위해 오셨습니다. 로마서 5장 17절은 말합니다.

"한 사람의 범죄로 말미암아 사망이 그 한 사람을 통하여 왕노릇 하였은즉 더욱 은혜와 의의 선물을 넘치게 받는 자들은 한 분 예수 그리스도를 통하여 생명 안에서 왕노릇하리로다"

확대 번역 성경은 이 구절을 "한 사람의 침입(실수, 위반) 때문에 죽음이 왕노릇 하였은즉 하나님의 넘치는 은혜(공로 없이 받는 사랑)와 의의 선물(하나님과의 바른 관계로 다듬)을 받은 자들은 생명 안에서 한 분 예수 그리스도 메시아 기름 부음을 받은 자를 통하여 왕노릇하리로다"고 말합니다.

우리는 생명 안에서 왕으로 군림하게 되어 있습니다. 그것은 우리의 삶을 우리가 지배한다는 뜻입니다. 우리는 지배당하지 않고 지배하게 되어 있습니다.

환경이 우리를 지배하는 것이 아니라, 우리가 환경을 지배해야 합니다. 가난이 우리 위에 군림하거나 통치할 수 없고 우리가 가난 위에 군림해야 합니다. 질병과 아픔이 우리를 지배하거나 통치하는 것이 아니라, 우리가 질병을 지배합니다. 우리가 생명 안에서 우리를 속량하신 그리스도 예수 안에서 왕노릇합니다.

네가 네 하나님 여호와의 말씀을 삼가 듣고 내가 오늘 네게 명령하는 그의 모든 명령을 지켜 행하면 네 하나님 여호와께서 너를 세계 모든 민족 위에 뛰어나게 하실 것이라 네가 네 하나님 여호와의 말씀을 청종하면 이 모든 복이 네게 임하며 네게 이르리니 성읍에서도 복을 받고 들에서도 복을 받을 것이며 네 몸의 자녀와 네 토지의 소산과 네 짐승의 새끼와 소와 양의 새끼가 복을 받을 것이며 네 광주리와 떡 반죽 그릇이 복을 받을 것이며 네가 들어와도 복을 받고 나가도 복을 받을 것이니라 너를 대적하기 위해 일어난 적군들을 네 앞에서 패하게 하시리라 그들이 한 길로 너를 치러 들어왔으나 네 앞에서 일곱 길로 도망하리라 여호와께서 명령하사 네 창고와 네 손으로 하는 모든 일에 복을 내리시고 네 하나님 여호와께서 네게 주시는 땅에서 네게 복을 주실 것이며 … 여호와께서 네게 주리라고 네 열조에게 맹세하신 땅에서 네게 복을 주사 네 몸의 자녀와 가축의 새끼와 토지의 소산을 많게 하시며 여호와께서 너를 위하여 하늘의 아름다운 보고를 여시사 네 땅에 때를 따라 비를 내리시고 네 손으로 하는 모든 일에 복을 주시리니 네가 많은 민족에게 꾸어 줄지라도 너는 꾸지 아니할 것이요

신 28:1-8, 11-12

신명기 28장의 첫 부분에는 그의 백성이 하나님께 순종했을 때 축복하시는 많은 방법들이 나열되어 있습니다. 하나님은 그들의 자녀와, 소산물과 우양을 축복하시겠다고 약속하셨습니다. 전쟁에서 그들을 보호하시고 축복하시겠다고 약속하셨고 풍부한 물건으로 축복해 주신다고 약속하셨고 '네 손으로 하는 모든 일'에 그들을 축복하시겠다고 했습니다.

이 축복은 모든 것을 포함하고 있지만 또한 조건적입니다. 그들은 하나님의 모든 계명들을 지켜야만 합니다. 하나님을 떠나서 다른 신을 섬기지 않고 그들의 심령을 다해 하나님을 섬기는 거룩한 사람들이어야만 합니다. 신명기 28장의 남은 15절부터 68절까지는 그들이 하나님의 계명을 지키지 않았을 때 하나님의 백성들에게 올 저주들이 나열되어 있습니다.

내가 처음으로 이 진리를 깨달아 하나님이 그의 백성들을 위해 계획하신 물질적, 영적 번영과 모든 그리스도 안에서 거듭난 신자들이 이 약속들의 상속자가 되는 것을 알았을 때 얼마나 기뻤는지 거의 참을 수 없을 정도였습니다!

나는 내가 모든 율법의 저주와 가난의 저주로부터 구속되었다는 것과 아브라함의 축복이 내 것이라는 것을 발견하고 감격하였습니다.

우리는 그리스도인으로서 재정적 좌절로 고통 당할 필요가 없습니다. 우리는 가난이나 질병의 포로가 될 필요가 없는 것입니다!

하나님께서 그의 자녀에게 그들이 하나님의 계명을 지키기만 한다면 병고침과 번영Prosperity을 예비하셨습니다.

예수께서 지상에 사실 때에 "너희가 악한 자라도 좋은 것으로 자식에게 줄 줄 알거든 하물며 하늘에 계신 너희 아버지께서 구하는 자에게 좋은 것으로 주시지 않겠느냐"(마 7:11)

우리 중 얼마나 많은 사람이 부모로서 우리의 자녀가 배고프고 아프고 고통 당하며 항상 부족한 삶을 살기를 원할까요? 어떤 부모도 그것을 원하지 않습니다. 우리는 자녀들이 우리가 받았던 교육보다 더 좋은 교육을 받아서 우리의 삶보다 좀 더 나은 삶을 살게 하기 위해 일하며 희생을 합니다.

하나님은 모든 가축과 은과 금을 이 세상에 두셨습니다. 하나님께서 이스라엘에게 말씀하셨습니다.

"너희가 즐겨 순종하면 땅의 아름다운 소산을 먹을 것이라"(사 1:19)

만일 하나님께서 그의 자녀가 최고의 것을 먹기 원하신다면, 그들의 자녀가 최고의 옷을 입기 원하시고, 최고의 차를 운전하기 원하시고, 하나님은 하나님의 자녀가 모든 것에 최고를 갖기 원하십니다.

개인적 체험을 통하여 증거되었습니다

이런 진리들이 내 심령에 실제적으로 다가왔을 때 주님께서 제게 이렇게 말씀하셨습니다. "더 이상 돈을 위하여 기도하지 마라. 너는 내 이름으로 부유함Prosperity을 내 것이라고 주장할 권세를 가지고 있단다. 나는 이미 금과 은과 수천 개의 언덕에 있는 가축을 아담에게 다스리라고 주었단다. 아담이 그것들을 사단에게 넘겨준 이후에 둘째 아담인 예수 그리스도가 와서 원수의 손에서 너희를 구속하고 너희를 율법의 저주로부터 옮겼단다. 나는 네가 필요한 걸 이미 예비하였으니 나에게 그것을 해달라고 기도하는 대신에 네가 할 일은 '사단아, 내 돈에서 손을 떼어라'라고 말하는 것이다. 네가 필요한 것을 주장하기만 하면 된단다. 너는 그리스도 예수로 말미암아 삶을 다스리며 살아라."

이 말을 들을 때 나는 전도자였습니다. 다음 교회에 집회를 인도하러 갔을 때 나는 "주님, 만일 이곳에서 내가 필요한 것들을 공급받으려면 정말 무슨 일인가 있어야 합니다. 지난번 제가 이 교회에 왔을 때 한 주 동안 내가 받았던 돈은 60불이었습니다. 이제 저는 이번 주에 150불을 받을 것을 주장합니다."라고 말하고 다시 "사단아, 예수 그리스도의 이름으로 명하노니 내 돈에서 손을 뗄지어다."라고 명령했습니다.

당신은 가능한 것을 믿는 것이 아니라 불가능한 것을 믿는 것입니다. 나는 그 교회에서 원래 1주일 동안 집회를 인도하기로 되어 있었는데, 집회가 10일로 연장되었습니다. 나는 10일 동안 200불을 받을 것을 주장했습니다. 그 교회의 담임 목사님은 헌금에 대해 전혀 얘기하지 않았고 단지 헌금 접시를 돌리기만 했는데 그 헌금이 계수되었을 때 나는 240불을 받았습니다.

그 후로부터 내가 교회들을 다니며 집회를 인도할 때 재정은 쉽게 들어와서 많은 경우 목사들은 놀라며 "이것은 이 교회에서 전도자를 위해 헌금한 가장 큰 액수입니다."라고 말하곤 했습니다. 그러나 나는 전혀 강하게 청원한 적이 없습니다. 내가 문을 열 수 있는 열쇠를 가졌던 것 뿐입니다.

주님, 감사합니다. 예수께서 우리를 풀어 놓으셨으므로 우리는 저주 아래 있지 않습니다!

"예수께서 내 몸값을 치른 이후로 병 대신에 나는 건강을 가지고 있습니다. 가난 대신에 부요를 가지고 있습니다."

기억해야 할 구절

"사랑하는 자여 네 영혼이 잘됨 같이 네가 범사에 잘되고 강건하기를 내가 간구하노라"(요삼:2)

16

최고의 믿음으로 가는 일곱 가지 단계 (1부)

핵심 진리

우리가 사단을 이기는 것은 어린양의 피와 우리의 증거하는 말입니다. 우리는 흑암의 권세에서 빠져 나와서 하나님의 사랑의 아들의 나라로 옮김을 받았습니다.

믿음에 대한 시리즈를 가르침에 있어 두 가지 목적을 제 마음에 가지고 있습니다.

우리는 지금으로부터 말하려는 것들에 대해 이기 여러 방식으로 다루었지만, 나는 당신이 믿음으로 진행하는 것에 대해 체크해 볼 수 있도록 그것들을 종합해서 요약하기를 원합니다.

만일 당신이 믿음에 대하여 배우고, 당신의 삶에 배운 것을 적용하고 있다면 마귀는 당신과 겨루려고 할 것입니다. 주님은 당신이 미래를 위해서 준비되어 있기를 원합니다. 하나님의 말씀의 능력으로 앞으로 일어날 수도 있는 어떤 응급 상황에도 당신은 준비할 수 있습니다.

1단계 : 하나님 말씀의 성실함

우리가 알아야 할 첫 번째 것은 하나님의 말씀은 성경에서 선언한 그대로라는 것입니다. 하나님 말씀은 우리에게 주시는 계시이고, 우리에게 지금 말씀하고 계신 것입니다. 그것은 과거의 책이나 미래의 책일뿐 아니라, 현재의 책입니다. 이 책은 하나님께서 호흡하시며, 하나님께서 그 안에 사시며, 하나님께서 영감을 주신 메시지입니다.

하나님의 말씀은 살아 있고 활력이 있어 좌우에 날선 어떤 검보다도 예리하여 혼과 영과 및 관절과 골수를 찔러 쪼개기까지 하며 또 마음의 생각과 뜻을 판단하나니   히 4:12

모팻 번역본에서는 "하나님은 살아 있는 것이고…"이라고 했습니다. '살았고quick'란 단어는 '살아 있는alive, 살고 있는living'을 뜻합니다. 하나님의 말씀은 살아 있는 존재입니다. 당신이 말씀을 받아서 행할 때만 당신에게 살아납니다.

그러므로 가장 높은 믿음으로 가는 첫 번째 단계는 하나님 말씀의 성실성을 받아들이고, 이해하는 것임을 알 수 있습니다. 하나님 말씀은 가장 중요한 것입니다.

어떤 사람들은 방언이나 예언을 통해서 메시지(성경 말씀)를 받지 않으면 하나님이 말하시지 않았다고 생각합니다. 하지만 말씀은 하나님께서 우리에게 말씀하고 계시는 것입니다.

예언이나 방언, 통변과 같은 은사들이 말씀과 대체되어서는 안됩니다. 하나님 말씀이 항상 우선입니다. 이러한 구두로 하는 은사insp rational vocal gifts들은 우리에게 영감을 주기 위해 하나님 말씀과 같은 방향으로 주어지는데 만약 그것들이 하나님 말씀과 다른 것이라면 그것은 성령께서 말씀하시는 것이 아닙니다. 그 말하는 사람이 그의 생각을 말하고 있는 것입니다. 당신은 항상 이런 것들을 하나님 말씀의 빛으로 분별하여야만 합니다.

또한 그들이 믿고 있는 것을 말하기 원하므로 어떤 특별한 종류의 성경 말씀만 읽으려고 노력하는 사람들도 있습니다. 그들이 믿는 것을 말씀에 맞추는 것이 아니라, 말씀을 그들이 믿고 있는 것에 맞추려고 노력합니다.

어떤 사람들은 특별한 어떤 구절들을 무시하고 혹은 설명하여 빠져 나갑니다. 그러나 당신은 말씀을 그대로 받아들이고 말씀의 빛 가운데로 걸어 가야만 합니다. 당신이 생각하는 말씀의 의미를 믿어서는 안되고 말씀이 말하는 그대로를 믿어야 합니다.

이렇게 성경을 읽기 시작하면 당신이 항상 믿어왔던 것들이 하나님 말씀 안에 전혀 없다는 것을 알게 되어 놀라게 될 것입니다. 당신은 왜 어떤 것들을 그렇게 믿었었는지 의아해질 것입니다.

나는 이 진리를 몸소 체험하게 되었습니다. 내가 병으로 침상에 수개월 동안 성경을 읽으며 누워 있을 때 나는 성경 안에서 믿음과 병고침에 대한 진리를 알게 되었습니다. 저희 교회는 병고침에 대하여 가르치지 않았으므로 이런 것들은 제게 생소했습니다. 그러나 하나님 말씀을 공부하면 할수록 그것이 진리라는 것을 더 많이 알게 되었습니다. 말씀은 하나님께서 우리에게 현재 하시는 말씀이라는 것을 믿었으므로 교회의 가르침과는 상관없이 하나님 말씀의 빛 가운데 걷기로 작정했습니다. 내가 이런 헌신을 하였을 때 전쟁의 가장 큰 부분을 이겼던 것입니다.

하나님의 말씀을 사실적으로 믿기 위하여 나는 교회의 가르침 뿐 아니라 내 가족의 가르침도 거스르고 가야만 했습니다. 우리가 얼마나 성경보다 교회의 가르침 중심이 될 수 있는지는 놀라운 일입니다. 그리고 때로는 우리 자녀를 우리 심령 가운데에 가장 소중히 여기는 것이 하나님 말씀의 가장 충만한 빛 안에서 걷는 것을 방해하게 될 것입니다. 그럼에도 불구하고 나는 하나님 말씀이 현재 나에게 하시는 말씀이라는 것을 알고 하나님 말씀을 따르기로 작정했습니다.

2단계 : 그리스도 안에서 우리의 속량

우리가 두 번째로 알아야 할 것은 그리스도 안에서 받은 우리의 속량의 실제reality of our redemption입니다. 교리나 철학이나 어떤 신조가 아닌 사단의 권세로부터의 사실적 속량 말입니다. 새로운 탄생으로 말미암아 우리는 그의 아들의 나라 즉, 하나님의 왕국으로 옮겨졌습니다. 다른 말로 바꾸면, 우리는 하나님의 가족으로 태어난 것입니다.

우리로 하여금 빛 가운데서 성도의 기업의 부분을 얻기에 합당하게 하신 아버지께 감사하게 하시기를 원하노라 그가 우리를 흑암의 권세에서 건져내사 그의 사랑의 아들의 나라로 옮기셨으니 그 아들 안에서 우리가 속량 곧 죄 사함을 얻었도다

골 1:12-14

우리가 그리스도 안에서 우리의 기업으로 들어갈 수 있다는 것은 얼마나 놀랍습니까? 우리가 방금 읽은 것과 같이 하나님께서 우리를 이 기업의 부분을 얻기에 합당하게 만드셨습니다.

13절에서는 "그가 우리를 흑암의 권세power of darkness에서 건져내사…"라고 했습니다. 여기서 'power'라고 번역되어진 헬라어 단어는 '권세'를 뜻합니다. 성경 구절이 "하나님께서 우리를 건져내실 것이다."라고 말하고 있지 않은 것을 주목하십시오. "하나님께서 건져내셨다."고 말하고 있습니다.

14절은 구속의 값을 우리에게 말해주고 있습니다. "그 안에서 우리는 그의 피를 통하여 속량을 받았다."

이 성경 구절과 관계해서 요한계시록 12장 11절을 봅시다.

"또 우리 형제들이 어린 양의 피와 자기들의 증언하는 말씀으로 그를 이겼으니"

아메리칸 교정 번역본은 이 구절을 "어린양의 보혈 때문에 그리고 그들이 증거하는 말 때문에…"라고 했습니다.

예수님의 보혈은 우리의 승리의 기초입니다. 그러나 우리는 우리의 증언, 고백을 더 해야만 합니다. 우리는 적에게 대항하여 우리의 자리에 서야 합니다.

사단이 이 세상의 신이므로, 당신을 다스리는 권서를 가지려고 노력할 것입니다. 그러나 우리가 사단의 권세, 즉 흑암의 권세로부터 그리스도 예수의 피로 말미암아 해방되었으므로 사단은 이길 수 없습니다. 새로운 탄생의 힘으로, 당신은 그의 사랑의 아들의 나라로 옮겨졌습니다. 사단과의 모든 시합contest에서 어떤 종류의 테스트이든지 상관없이 당신은 이길 수 있습니다. 왜냐하면 당신은 어린 양의 피를 통한 속량을 가지고 있고 당신의 증언하는 말이 있기 때문입니다.

피에는 능력이 있습니다!

우리는 그리스도 안에서 새로운 피조물이 되었기 때문에 사단의 지배는 끝났습니다. 예수님은 주님이시며 새로운 몸의 머리이십니다. 그는 성경 안에서 '교회의 머리'라고 소거되었습니다.

모든 거듭난 신자들이 바로 교회이며, 그리스도의 몸이라고 불려집니다. 사단은 그리스도의 몸을 지배할 권리가 없습니다. 그리스도께서 그 몸의 머리이시므로 그분이 몸을 다스리시고 지배하시는 분입니다.

어떤 사람들은 말씀을 온전히 이해하지 못하기 때문에 삶 속에 패배를 허락합니다. 그들은 나에게 하나님의 뜻이 아니었기 때문에 성공하지 못했다고 말했습니다. "우리의 영은 주님께 속해 있지만, 우리의 몸은 아직 속량받지 못했지요. 그러므로 우리는 지금 육체적 영역에서 아픔과 질병으로 고통받을 수밖에 없습니다. 그렇지만 우리가 아프지 않아도 될 그 날이 오고 있어요."라고 말합니다. 이런 말에 대답해 주기 위하여 나는 고린도전서 6장을 폅니다.

> 너희 몸은 너희가 하나님께로부터 받은 바 너희 가운데 계신 성령의 전인 줄을 알지 못하느냐 너희는 너희 자신의 것이 아니라 값으로 산 것이 되었으니 그런즉 너희 몸으로 하나님께 영광을 돌리라   고전 6:19-20

이 구절은 우리의 영 뿐만 아니라 우리의 몸까지 값을 주고 샀다고 우리에게 말합니다.

그러므로 당신은 하나님의 것인 당신의 몸과 당신의 영으로 하나님께 영광을 돌려야 합니다. 사단이 육체적으로 우리를 지배할 때 하나님께서 영광을 받으십니까? 성령이 사시는 성전으로서의 우리 몸이 질병으로 볼품없이 되고 손상되면 하나님께서 영광을 받으실 수 있습니까? 절대 아닙니다. 우리는 이것을 명백하게 이해할 필요가 있고 사단이 우리의 영을 공격했을 때 우리가 하는 것과 똑같이, 사단이 우리의 몸을 공격했을 때, 마귀를 대항해서 맞서는 것을 배워야 합니다.

골로새서 1장 12절을 봅시다.

"우리로 하여금 빛 가운데서 성도의 기업의 부분을 얻기에 합당하게 하신 아버지께 감사하노라" 이것은 우리가 하나님의 자녀로서 빛 가운데 걸어갈 때 우리가 받은 기업의 부분입니다. 우리는 예수의 보혈을 통해 마귀를 지배할 지배력과 권세를 가지고 있습니다. 우리가 사단을 이길 수 있는 것은 어린양의 피와 우리의 증거하는 말입니다. 우리는 흑암의 권세로부터 그의 사랑의 아들의 나라로 옮겨졌습니다. "우리로 하여금 성도의 기업의 부분을 얻기에 합당하게 하신 하나님 아버지께 감사하노라"

'합당하게 하신Father has made us able' 이란 단어에 주목하십시오. 우리는 지금 당장 우리의 기업에 참여할 수 있습니다.

우리는 그것을 미래로 미룰 필요가 없습니다. 우리는 지금 기업을 가지고 있습니다. 우리는 지금 사단의 손으로부터 해방과 구속을 가지고 있습니다. 우리는 지금 어린양의 보혈과 우리의 증거하는 말로 사단을 이길 수 있습니다. 우리는 지금 하나님 것인, 우리의 몸과 우리의 영으로 하나님께 영광 돌릴 수 있습니다.

기억해야 할 구절

"또 우리 형제들이 어린양의 피와 자기들이 증언하는 말씀으로 그를 이겼으니…"(계 12:11)

17

최고의 믿음으로 가는
일곱 가지 단계 (2부)

핵심 진리

친교fellowship가 바로 믿음의 근원입니다. 그것은 기쁨의 근원입니다. 그것은 승리의 근원입니다.

믿음의 의미를 더 깊이 이해하고 하나님 말씀의 연구에 더욱 박차를 가하여 최고의 믿음으로 가기 위한 세 가지 단계들을 더 살펴 봅시다. 이 단계들을 공부하는 동안 우리는 몇 가지 실체reality들을 마음에 새기게 될 것입니다:

(1) 새 피조물의 실체
(2) 하나님 아버지와 우리와의 교제의 실체
(3) 예수 이름의 권세의 실체

3단계 : 새 피조물의 실체

> 그런즉 누구든지 그리스도 안에 있으면 새로운 피조물이라 이전 것은 지나갔으니 보라 새 것이 되었도다 고후 5:17

최고의 믿음을 갖기 위하여 우리는 새 피조물의 실체reality를 알아야 합니다. 예수님께서 우리 대신에 죄가 되신 이후 하나님께는 우리를 그리스도 예수 안에서 새롭게 창조한 것입니다.

그리스도를 우리의 구세주로 받아들이며 그분을 주로 고백하던 순간에 우리는 새롭게 창조되었다는 것을 알아야 합니다. 이때가 바로 법적이던 것이legal aspect 우리의 인생에 실체 reality가 되는 때입니다.

우리는 하나님의 생명과 본성을 우리 영 안에 가지고 있습니다. 이것은 하나의 경험이나 종교가 아니고, 교회에 합류하는 것도 아닙니다. 이것은 우리 영의 실제적 탄생입니다.

우리는 하나님의 진정한 아들과 딸들입니다. 하나님은 우리의 진정한 아버지이십니다. 우리는 사단의 지배와 영적 죽음에서 벗어나 예수 그리스도를 통한 생명의 영역으로 들어 왔습니다.

"우리는 형제를 사랑함으로 사망에서 옮겨 생명으로 들어간 줄 알거니와…"(요일 3:14)

우리는 하나님의 가족에 속해 있으며 하나님의 자녀들입니다. 사람은 가족에 합류join할 수 있는 것이 아니고, 가족 안으로 태어나야 하는 것입니다he must be born into it.

이런 것이 어떻게 우리의 일상 생활에 영향을 미칠까요? 만일 하나님께서 우리의 진정한 아버지이고 우리가 그의 진정한 자녀라면 하나님 아버지께서 예수님을 사랑하신 것 같이 우리를 사랑하시기 때문에 우리는 예수님께서 세상에 사실 때 가졌던 것만큼 하나님 아버지와 친교를 가질 수 있습니다. 요한복음 17장 23절은 "…아버지께서 나를 보내신 것과 또 나를 사랑하심 같이 그들로 사랑하신 것을 세상으로 알게 하려 함입니다"라고 말합니다.

골로새서 1장 18절은 "그는 몸인 교회의 머리시라 그가 근본이시요 죽은 자들 가운데서 먼저 나신이시니 이는 친히 만물의 으뜸이 되려 하심이요"라고 말합니다. 예수님은 첫 번째로 나신 이시고, 우리도 죽음으로부터 거듭났습니다.

베드로는 "너희가 거듭난 것이 썩어질 씨로 된 것이 아니요 썩지 아니할 씨로 된 것이니 살아 있고 항상 있는 하나님의 말씀으로 되었느니라"(벧전 1:23)고 했습니다.

우리는 하나님이 낳으셨습니다. 우리는 하나님으로부터 태어났습니다. 우리는 하나님의 자녀이고 하나님의 상속자이며, 그리스도와 공동 상속자joint heir입니다.

이와 같은 사실은 우리 자신을 확대시키는 것이 아니라, 하나님과 그분이 주 예수를 통하여 우리에게 하신 일을 확대하는 것입니다. 우리가 우리 자신을 새 피조물로 만든 것이 아니고 하나님께서 우리를 새 피조물로 만드셨습니다. 그분이 우리의 믿음의 창조자이시며 완성자이십니다.

"우리는 그가 만드신 바라 그리스도 예수 안에서 선한 일을 위하여 지으심을 받은 자입니다"(엡 2:10)

우리가 우리 자신을 이렇게 만든 것이 아니고, 하나님께서 만드셨습니다.

어떤 사람이 자기 자신을 얕볼 때, 그는 사실상 하나님이 만드신 것을 얕보는 것입니다. 그는 하나님이 만드신 것을 비난하는 것입니다.

우리는 우리 자신을 자연적인 관점에서 보는 일을 멈추고, 그 대신 그리스도 예수 안에서 창조된 자로, 하나님이 우리를 보듯이 우리 자신을 보아야 합니다. 하나님 아버지는 다른 사람들이 우리를 보는 것과 같이 우리를 보지 않으십니다. 그분은 우리를 그리스도 안에서 보십니다.

많은 그리스도인들이 그들 자신을 자연적 관점에서 보기 때문에 패배합니다. 그들은 하나님께서 그들을 보는 것같이 그들 자신을 보는 것으로 말미암아 승리할 수 있습니다.

한번은 심각한 문제를 가지고 있는 한 그리스도인이 내게 와서 말했습니다.

"내 생각에 저는 구원받기 전에 살았던 삶의 대가를 치르고 있는 것 같아요. 저는 굉장히 죄를 많이 지었거든요."

그렇지만 우리가 거듭날 때 우리는 우리의 죄로부터 구속받았을 뿐 아니라, 모든 지은 죄의 형벌로부터도 구속받았습니다. 그리스도께서 이미 죄값을 치르셨기 때문에 우리는 우리의 죄의 대가를 지불할 필요가 없습니다. 그 죄값을 우리가 치른다는 것조차도 불가능한 일입니다.

많은 사람들이 회개repentance와 참회penance의 차이점을 잘 모릅니다. 만일 당신이 어떤 다른 종교의 가르침을 따르는 것에 대하여 책망하면, 그들은 열렬히 그것을 부정합니다. 그러나 과거의 삶에 대해 참회하려고 노력하는 것, 그것이 바로 그들이 하고 있는 일들입니다.

사람이 회개한 후에 하나님은 그 사람이 전에 잘못한 어떤 것에 대한 지식도 더 이상 가지고 있지 않으십니다!

"나 곧 나는 나를 위하여 네 허물을 도말하는 자니 네 죄를 기억하지 아니하리라"(사 43:25)

하나님께서 기억치 않으시는데 왜 당신은 기억합니까?

만일 구원받은 후에 그가 과거에 뿌린 죄의 씨를 계속해서 거둔다면 그는 그가 죽을 때에 지옥으로 가야만 합니다. 왜냐하면 그것도 역시 형벌의 부분이기 때문입니다. 만일 그가 형벌의 어떤 부분이라도 거두어야 하는 것이라면 그는 전부 거두어야 할 것입니다. 그러나 우리는 흑암의 권세로부터만 구속받았을 뿐 아니라 죄의 형벌로부터도 구속받았습니다. 예수님이 우리를 대신 하신 것입니다. 그분은 죄의 형벌도 받으셨습니다.

우리가 지난 과에서 나누었던 것과 같이 하나님은 우리가 빛 가운데서 성도의 기업을 누릴 수 있게 만드셨습니다.

4단계 : 하나님 아버지와 우리 사이의 친교의 실체

구속의 핵심 이유는 교제입니다.

"너희를 불러 그의 아들 예수 그리스도 우리 주와 더불어 교제하게 하시는 하나님은 미쁘시도다"(고전 1:9)

우리가 그의 아들 예수 그리스도 우리 주와 더불어 교제케 하기 위하여 부르심을 받았다는 것을 주목하십시오.

우리가 보고 들은 바를 너희에게도 전함은 너희로 우리와 사귐이 있게 하려 함이니 우리의 사귐은 아버지와 그의 아들 예수 그리스도와 더불어 누림이라 우리가 이것을 씀은 우리의 기쁨이 충만하게 하려 함이로라 … 그가 빛 가운데 계신 것 같이 우리도 빛 가운데 행하면 우리가 서로 사귐이 있고 그 아들 예수의 피가 우리를 모든 죄에서 깨끗하게 하실 것이요

요일 1:3-4, 7

하나님께서 우리에게 수여하신 최고의 명예는 인류를 구원하시는 하나님의 꿈을 실행하기 위하여 하나님과 그의 아들과 성령님과 공동 교제를 갖는 것입니다.

교제가 없는 관계는 무미건조한 것입니다. 그것은 마치 사랑이나 동료 의식companionship이 없는 결혼과 같습니다.

교제는 믿음의 근본입니다. 그것은 부모의 기쁨이고 승리의 근원입니다. 그리고 하나님은 우리가 개인적으로 하나님의 아들과 교제하게 하시기 위해 우리를 부르셨습니다.

우리가 하나님과 교지하며 하나님께서 빛 가운데 계신 것 같이 우리도 빛 가운데 행한다면 기도는 우리가 가지고 있는 최고로 달콤하고 위대한 특권 중의 하나가 될 것입니다.

어떤 사람들이 기도가 순전히 고역이라고 말하는 것을 들은 적이 있습니다. 그들은 애써 믿으려고 싸우며 몸부림친다고 말합니다. 그러나 나에게는 기도하는 것이 문제가 되거나 싸움이

된 적이 없습니다. 기도는 항상 기쁨이었습니다. 기도는 결코 나로부터 무엇을 빼앗아 가는 것이 아니라 나에게 무엇인가를 줍니다. 나는 종종 하루에 다섯 기간 이상을 기도합니다.

기도하는 것이 힘든 사람들의 문제는 성령께서 그들을 통하여 기도하게 하는 대신 그들은 그들의 힘으로 하려고 노력하기 때문입니다. 자연히 이런 것이 그들을 지치게 만듭니다. 하나님은 우리가 하나님 안에서 안식하러 오길 원하십니다.

"그러므로 더듬는 입술과 다른 방언으로 그가 이 백성에게 말씀하시리라 전에 그들에게 이르시기를 이것이 너희 안식이요 이것이 너희 상쾌함이니…"(사 28:11-12)

우리가 다른 방언으로 기도할 때 우리는 주님 안에서 상쾌하게 되는 시간임을 발견할 수 있습니다.

5단계 : 예수 이름의 권세의 실체

너희가 내 이름으로 무엇을 구하든지 내가 행하리니 이는 아버지로 하여금 아들로 말미암아 영광을 받으시게 하려 함이라 내 이름으로 무엇이든지 내게 구하면 내가 행하리라
요 14:13-14

한 부자가 당신에게 그의 이름을 마음껏 사용해서 당신이 필요한 무엇이든지 받을 수 있다고 서명된 증서를 주었다고 가정해 보십시오.

이것이 당신이 남은 여생 동안 모든 필요가 채워질 수 있는 법적 증서라고 가정합시다. 너무나 좋아서 사실이 아닌 것처럼 들립니까? 그러나 놀라운 일은 그것이 사실입니다!

하나님은 우리에게 예수 이름으로 우리가 영적으로, 육적으로, 재정적으로 필요한 모든 것을 얻을 수 있는 '대리인의 권세the power of attorney'를 주셨습니다.

하나님은 우리에게 모든 마귀적인 힘을 이길 수 있는 능력을 주셨습니다. 하나님은 우리에게 "무엇이든지 내 이름으로 구하는 것을 주겠다"고 말씀하셨습니다. 우리는 그의 이름을 사용할 권세가 있습니다. 대부분 그 권세를 사용하지 않는 것은 믿음이 적어서가 아니라 그리스도 안에서 우리의 법적 권리를 모르기 때문입니다. 그것은 아들이나 딸의 자리를 찾아서 하나님의 자녀로서 우리의 정당한 권리를 사용하는 일입니다. 그것은 우리에게 속한 것이 무엇인지 아는 일이고 말씀이 말하는 것을 행하는 것입니다.

기억해야 할 구절

"너희를 불러 그의 아들 예수 그리스도 우리 주로 더불어 교제하게 하시는 하나님은 미쁘시도다"(고전 1:9)

18

최고의 믿음으로 가는
일곱 가지 단계 (3부)

핵심 진리

우리는 하나님께 확신에 차서 다가갈 수 있습니다. 왜냐하면 우리는 그리스도 예수 안에서 하나님의 의가 되게 하셨기 때문입니다.

최고의 믿음으로 가는 여섯 번째 단계입니다. 이번 과에서 우리는 당신이 성경 구절에 나타난 '의'라는 단어들에 대해서 새로운 깨달음을 얻도록 도와 드리기를 원합니다.

6단계 : 우리의 의Righteousness의 실체

너희는 믿지 않는 자와 멍에를 함께 메지 말라 의와 불법이 어찌 함께 하며 빛과 어둠이 어찌 사귀며 그리스도와 벨리알이 어찌 조화되며 믿는 자와 믿지 않는 자가 어찌 상관하며 하나님의 성전과 우상이 어찌 일치가 되리요 우리는 살아 계신 하나님의 성전이라 이와 같이 하나님께서 이르시되 내가 그들 가운데 거하며 두루 행하여 나는 그들의 하나님이 되고 그들은 나의 백성이 되리라   고후 6:14-16

많은 사람들은 위의 구절들을 오직 세상으로부터의 분리에 관한 가르침이라고 알고 분리하고 있다고 생각하며 사실상 격리segregation를 실천합니다. 그들은 이 세상에 있는 어떤 일이나 세상에 있는 누구와도 상관이 없다고 느낍니다. 다른 그리스도인들이 그들과 완전히 동의하지 않으면 그들로부터도 스스로를 격리합니다.

그러나 예수님은 "너는 이 세상의 소금이며 … 너는 이 세상의 빛이라…"(마 5:13-14)고 말씀합니다. 이 세상의 소금과 빛이 되기 위하여 우리는 주님을 위하여 우리가 맡은 일을 하면서 세상 안에 남아 있어야만 합니다.

한 남자가 제게 이렇게 말한 적이 있습니다.

"내 직장에서 저만 그리스도인입니다. 하나님께서 나를 그곳으로부터 꺼내 주시도록 기도해 주세요."

내가 그에게 말했습니다.

"아, 아닙니다. 그 직장은 당신의 영향력이 없이는 정말로 타락하겠군요. 바로 그곳에 머무르십시오. 당신은 이 세상의 소금입니다. 당신은 그곳에 있으면서 짜게 하십시오." 우리는 이 세상 안에 살지만 이 세상에 속한 것이 아닙니다.

이 구절에 주목하십시오. 믿는 자들은 '신자'라고 불리고, 안 믿는 자들은 '불신자'라고 불립니다. 신자들은 '의righteousness'라고 불리고, 불신자들은 '불의unrighteousness'라고 불립니다. 신자들은 '빛'이라고 불리고 불신자는 '어두움'이라고 불립니다.

당신 자신을 '의'라고 부르는 것은 이기주의적으로 들리지만 사람들은 그들 자신이 '신자들' 또는 '빛'이라고 불려지는 것에 대해서는 반대하지 않습니다. 이 구절은 신자를 세 가지 용어로 언급하고 있습니다!

15절에서 우리는 '교회' 또는 '신자들'이 '그리스도'로 언급되고 있는데, 그 이유는 예수님은 머리이시고 우리는 몸이기 때문입니다. 물론 우리 머리는 어떤 이름으로 불리고 있고 우리 몸은 또 다른 이름으로 불리는 것이 아닙니다. 교회는 그리스도이고 우리는 그리스도의 몸입니다.

모든 사람이 죄를 범하였으매 하나님의 영광에 이르지 못하더니 그리스도 예수 안에 있는 속량으로 말미암아 하나님의 은혜로 값 없이 의롭다 하심을 얻은 자 되었느니라 이 예수를 하나님이 그의 피로써 믿음으로 말미암는 화목 제물로 세우셨으니 이는 하나님께서 길이 참으시는 중에 전에 지은 죄를 간과하심으로 자기의 의로우심을 나타내려 하심이니 곧 이 때에 자기의 의로우심을 나타내사 자기도 의로우시며 또한 예수 믿는 자를 의롭다 하려 하심이니라 롬 3:23-26

이 구절에서 '의righteousness' 또는 '의로운righteous'이라고 번역될 수 있는 헬라어 단어가 '의just' 또는 '의롭게 하는 이justifier'라고 번역되었습니다. 다른 말로 바꾸자면 26절은 "자기를 의롭게 하시며 또한 예수 믿는 자를 의롭게 하려 하심이라"고 쉽게 말할 수 있습니다.

이것이 무엇을 의미합니까? 이 성경 구절을 통해 하나님은 우리에게 무엇을 가르치고 계십니까? 하나님은 예수님을 통해 그의 의를 선언하고 계십니다. 하나님 자신이 의로우시며 또한 하나님은 나의 의이십니다. 하나님은 예수를 믿는 자들의 '의righteousness'이십니다.

로마서 5장 17절은 "한 사람의 범죄로 말미암아 사망이 그 한 사람으로 말미암아 왕 노릇 하였은즉 더욱 은혜와 의의 선물을 넘치게 받는 자들은 한 분 예수 그리스도를 통하여 생명 안에서 왕 노릇 하리로다"라고 말하십니다.

대부분의 사람들이 '의'라는 것은 사람이 바르게 삶으로 인해 이루는 무엇이라는 생각을 가지고 있습니다. 의는 '바름rightness' 또는 '바른 관계right standing'를 뜻하는데, 이 구절은 그것은 우리의 옳은 행위나 깨끗한 삶으로 말미암아 얻는 것이 아니라 선물이라고 말합니다.

선물은 우리가 즉각적으로 받는 것입니다. 영적 성장의 단계는 열매입니다. 만일 '의'가 열매였다면 성경 구절은 '의의 열매'라고 썼을 것입니다. 그러나 성경은 '의의 선물'이라고 말합니다.

모든 하나님 자녀 한 사람 한 사람은 하나님 안에서 똑같은 '의'와 '위치standing'를 가지고 있습니다. 그분은 어떤 한 사람을 다른 사람보다 더 사랑하지 않으십니다.

그분은 어떤 사람의 기도를 다른 사람의 기도보다 더 귀 기울이시지 않습니다. 이 진리가 온전하게 심령 깊숙이 자리잡으면 당신의 기도는 역사할 것입니다! 당신의 기도는 응답 받을 것입니다!

많은 사람은 자기 스스로 정죄하는 수준에서 원수가 그리스도 예수 안에서 그들의 것인 기업을 도둑질하도록 허락하면서 몸부림치고 있습니다. 그들은 그들의 기도는 역사하지 않을 것이고 하나님은 그들의 기도를 듣지 않으실 것이라고 생각합니다. 그들은 그들을 위해서 기도해 줄 의로운 사람을 찾을 수만 있다면 그들의 기도가 역사할 것이라고 생각합니다.

우리가 방금 읽은 성경 구절을 그들이 보지 못했다는 것은 얼마나 슬픈 일입니까! 하나님은 우리의 '의'이십니다. 우리가 거듭날 때, 하나님께서 우리에게 하나님의 본성과 영원한 생명을 넣어 주실 때, 하나님은 우리의 의가 되셨습니다. 우리가 예수를 우리의 구세주로 받아들이고 그를 우리의 주로 고백하는 순간에 하나님은 우리의 의가 되신 것입니다.

제가 십대의 소년으로 16개월 동안 병석에 누워 있을 때 나는 처음으로 이 성경 구절들의 진리를 발견했습니다. 나는 그때 이 성경 구절들을 이해하지 못했습니다. 처음에 그것들은 어두운 구석에서 비쳐 들어오는 한 줄기 작은 빛이었습니다. 여러분들이 삶이나 건강에 극복해야 할 문제를 가지고 있는 것과 같이 나도 싸워 해결해야 할 같은 문제를 가지고 있었습니다.

성경을 읽다가 어느 날 우연히 야고보서 5장 14-15절을 읽게 되었습니다.

"너희 중에 병든 자가 있느냐 그는 교회의 장로들을 청할 것이요 그들은 주의 이름으로 기름을 바르며 그를 위하여 기도할지니라 믿음의 기도는 병든 자를 구원하리니 주께서 그를 일으키시리라 혹시 죄를 범하였을지라도 사하심을 받으리라"

그러나 우리 교회는 병고침을 믿지 않고 기름을 바르지도 않는다는 생각 때문에 잠시 동안 내 심령 속에 깜박거리던 믿음조차도 곧 꺼져 버렸습니다.

그 때 주님께서 내게 말씀하셨습니다.

"병든 자를 치유하는 것은 믿음의 기도란다. 다른 사람이 기도해 줄 수 있는 것과 같이 네 자신이 그 기도를 할 수 있단다."

나는 그리스도 안에서 아기였습니다. 나는 구원받은지 몇 개월 안 되는 16살의 소년이었는데 주님은 내가 그 기도를 할 수 있다고 말씀하셨습니다. 그러나 즉시 내 잘못된 생각이 나를 패배시켰습니다. 나는 "갖아요 내가 만일 의인이었더라면 나도 할 수 있지요.'라고 생각했습니다(나는 나의 부족함을 알았고 나는 의롭지 못했습니다. 적어도 내가 하나님 말씀을 이해한 것에 의하면 말입니다).

야고보서를 더 읽어 내려가다가 나는 엘리야가 의인의 기도의 본으로 나오는 곳을 읽었습니다.

"엘리야는 우리와 성정이 같은 사람이로되 그가 비가 오지 않기를 간절히 기도한즉 삼 년 육개월 동안 땅에 비가 오지 아니하고"(약 5:17)

엘리야에 대하여 연구할 때, 나는 그가 내가 생각하는 것 같은 의인이 아니라고 결정했습니다. 여호와의 손이 그와 함께 했을 때 그는 왕의 마차보다 더 빨리 달릴 수 있었습니다. 그러나 이세벨 여왕이 그를 죽이려고 할 때 그는 도망가서 로뎀나무 아래 숨어서 주님께 죽여 달라고 빌고 있었습니다. 그때 그는 여호와께 칭얼거렸습니다.

"나 말고 모든 사람들이 타락했어요. 주님, 당신을 섬기는 사람은 오직 나뿐입니다."

이와 같은 두 행동의 불일치는 의인의 징후라고 할 수 없습니다.

"어떻게 야고보는 그를 의인의 기도의 본으로 제시하고 있을까? 그가 나보다 더 의로운 것도 없는데…"

나는 의아했습니다. 그때 나는 야고보가 "엘리야는 우리와 성정이 같은 사람이라"고 한 말을 기억했습니다. 그는 성정이 같을 뿐 아니라, 그들에게 굴복했습니다. 낙담이 그의 행동을 지배하도록 허락했음에도 불구하고 그는 의인이라 일컬어졌던 것입니다.

더 좋은 언약

허물의 사함을 받고 자신의 죄가 가려진 자는 복이 있도다 마음에 간사함이 없고 여호와께 정죄를 당하지 아니하는 자는 복이 있도다   시 32:1-2

옛 언약 아래서는 죄 없는 동물의 피가 죄를 덮었습니다. 하나님은 사람들이 죄를 지었음에도 죄악을 그들에게 전가시키지 않았습니다. 하나님은 그들의 죄를 덮어 주고, 용서해 주시고, 의로움을 전가시키셨습니다. 하나님 보시기에 그들은 의로웠습니다.

"내가 그 피를 볼 때에 내가 너를 지나가리라"

하나님은 출애굽기 12장 13절에 말씀하셨습니다.

하나님께서 이런 일을 율법 아래 있던 그의 자녀들에게 하셨다면 우리에게는 얼마나 더 하시겠습니까? 은혜 아래서 우리는 더 좋은 약속 위에 세워진 더 좋은 언약을 가지고 있습니다.

예수 그리스도의 피는 우리의 죄를 덮을 뿐 아니라 "모든 불의에서" 우리를 깨끗케 하십니다. 요한 계시록 1장 5절은 "우리를 사랑하신 그의 피로 우리 죄에서 우리를 해방시키시고"라고 말합니다.

이 성경 구절을 읽었을 때, 나는 내가 거듭 났을 때 내 모든 죄는 면제 받았고 나의 모든 과거의 삶은 끝났다는 것을 알았습니다. 나는 내가 그리스도 안에서 새 피조물이 되었다는 것을 알았고, 하나님께서 불의한 새 피조물을 만드시지 않았다는 것도 알았습니다.

즉시 마귀는 바로 그 자리에서 말했습니다.

"그게 진실일 수도 있지, 그렇지만 그 이후에 지은 죄는 어떻게 할래? 얼마 전에도 너는 성질을 부렸잖아. 그것은 확실히 의로운 사람의 행동이 아닌데…"

그는 내가 하나님의 말씀 대신에 자연적인 것을 바라보게 했습니다.

그때 나는 요한일서 1장 9절을 읽었습니다.

"만일 우리가 우리 죄를 자백하면 그는 미쁘시고 의로우사 우리 죄를 사하시며 우리를 모든 불의에서 깨끗하게 하실 것이요"(이 성경은 불신자에게 쓰여진 것이 아니라 신자에게 쓰여진 것입니다)

이것은 내가 거듭났을 때 나는 그리스도 안에서 하나님의 '의'가 되었다는 것을 의미했습니다. 만일 내가 거듭난 이래로 죄 지었다면 – 지었습니다 – 나는 내 죄를 고백했고 하나님께서 나를 용서해 주셨고 나의 불의에서 나를 깨끗케 한 것입니다 (내가 만일 불의로부터 깨끗케 되었다면 그러면 나는 다시 의로운 것입니다).

이런 일이 있기 전까지 내가 야고보서 5장 16절을 읽을 때 – "의인의 간구는 역사하는 힘이 큼이니라" – 나는 만일 내가 의로워질 수만 있다면 나는 굉장한 기도 생활을 할 것이고 놀랄 만한 기도 응답을 얻을 수 있을 거라고 생각했었습니다.

이제 나는 하나님께서 다른 사람의 기도를 들어주시는 것과 같이 내 기도를 들어주시므로 내 기도가 역사할 것이라는 것을 알았습니다. 나 성경 안에 야고보서 5장 16절 옆에다 '나는 그 의인이다'라고 썼습니다.

이것은 내가 이룬 어떤 것을 자랑하는 것이 아니고 그리스도 안에 내가 무엇인가를 자랑하는 것입니다. 이것은 그리스도 예수 안에서 하나님이 하신 일을 찬양하는 것입니다. 이것은 우리가 하나님의 임재 안에 아두런 죄책감이나, 비난이나, 열등감 없이 설 수 있다는 것을 의미합니다. 이것은 기도의 문제가 해결된 것을 의미합니다. 더 이상 우리는 정죄 때문에 혀가 굳어지거나 무지 때문에 두려움에 싸여 하나님의 임재 속으로 들어 갈 필요가 없습니다.

우리는 우리의 주 예수 그리스도의 피를 통해 의로워졌으므로 큰 확신을 가지고 하나님의 임재 속으로 들어갈 수 있습니다.

기억해야 할 구절

"하나님이 죄를 알지도 못하신 이를 우리를 대신하여 죄로 삼으신 것은 우리로 하여금 그 안에서 하나님의 의가 되게 하려 하심이라"(고후 5:21)

19

최고의 믿음으로 가는
일곱 가지 단계 (4부)

핵심 진리

하나님 자신인 성령님께서 신자의 안에 거주하십니다.

종종 성령 충만함을 받았던 사람들은 그들이 단지 놀라운 축복 또는 풍성한 영조 체험을 했다고 생각합니다. 그들은 하나님 말씀을 전적으로 놓치고 있는 것입니다. 요한일서 4장 4절은 "너희 안에 계신 이가 세상에 있는 자보다 크심이라"고 말씀합니다.

성령의 충만함을 받는다는 것은 성령님께서 우리 안에 살기 위해 오시는 것입니다.

예수님께서 말씀하셨습니다. "내가 아버지께 구하겠으니

그가 또 다른 보혜사를 너희에게 주사 영원토록 너희와 함께 있게 하리니"(요 14:16)

그러므로 최고의 믿음으로 가기 위한 일곱 번째 단계는 우리의 몸이 하나님의 성전임을 깨닫는 것입니다. 하나님 자신인 성령님께서 우리 안에 살고 계십니다!

7단계 : 우리 안에 내주 하시는 성령님의 실체

구약 시대에는 하나님이 이 세상에서 사시는 곳이 성막이나 성전이었습니다. 그러나 그리스도께서 십자가에 죽으시고 다시 살아나셔서 천국으로 올라가신 후 오순절 날 믿는 자들에게 성령을 보내신 다음부터 하나님은 더 이상 사람이 만든 지성소에 살지 않으십니다.

우리의 몸이 그의 성전이 되었습니다!

모든 것이 내게 가하나 다 유익한 것이 아니요 모든 것이 내게 가하나 내가 무엇이든지 얽매이지 아니하리라 … 값으로 산 것이 되었으니 그런즉 너희 몸으로 하나님께 영광을 돌리라

고전 6:12, 20

하나님의 성전과 우상이 어찌 일치가 되리요 우리는 살아 계신 하나님의 성전이라 이와 같이 하나님께서 가라사대 내가 저희 가운데 거하며 두루 행하여 나는 저희 하나님이 되고 저희는 나의 백성이 되리라 하셨느니라　　　　　　고후 6:16

삶의 위기마다 우리는 본능적으로 "나는 정복자이다. 창조주가 내 안에 사시므로 나는 승리자보다 더 크다. 세상에 있는 자보다 더 큰 이가 내 안에 살고 계시다. 그분이 나를 끝까지 승리하도록 할 것이다. 그분이 나를 성공하게 만드시므로 나는 실패할 수 없다."라고 말해야만 합니다.

이렇게 하는 것은 당신 자신을 뽐내는 것이 아니고, 당신 안에 있는 하나님을 자랑하는 것입니다.

그럼에도 불구하고 종종 성령 충만함을 받은 그리스도인들이 인생에서 겪는 시련 앞에서 겁이 나서 쩔쩔매고, 불필요하게 마귀가 그들을 패배시키도록 허락합니다. 그들은 다른 사람들에게 기대어 울며 여기저기 다니고, 가엾도록 작고 연약한 기도를 하면서 왜 그들이 승리할 수 없는지 의아해 합니다. 그러나 성령께서 항상 그들 안에서 그들을 도울 준비를 하고 계시므로 언제나 도움은 있는 것입니다.

초대 교회에 주신 권능

신약 성경에 있는 교회에서는, 믿는 자가 다른 방언으로 말하는 초자연적 표적이 수반되는 성령 충만함을 받지 않은 사람이 별로 없었으며 그런 경우는 오히려 예외적인 일이었습니다. 사도들은 하나님의 영이 내주하셔야 하는 필요성을 알았고, 그들은 초신자들을 가르침에 있어 이것을 강조하였습니다.

예루살렘에 있는 사도들이 사마리아도 하나님의 말씀을 받았다 함을 듣고 베드로와 요한을 보내매 그들이 내려가서 그들을 위하여 성령 받기를 기도하니   행 8:14-15

아나니아가 떠나 그 집에 들어가서 그에게 안수하여 이르되 형제 사울아 주 곧 네가 오는 길에서 나타나셨던 예수께서 나를 보내어 너로 다시 보게 하시고 성령으로 충만하게 하신다 하니   행 9:17

아볼로가 고린도에 있을 때에 바울이 윗지방으로 다녀 에베소에 와서 어떤 제자들을 만나 이르되 너희가 믿을 때에

성령을 받았느냐 이르되 아니라 우리는 성령이 계심도 듣지
못하였노라   행 19:1-2

물론 오늘날 교회에도 이러한 권능의 부여가 필요합니다!

사도 바울은 "너희는 너희가 하나님의 성전인 것과 하나님의 성령이 너희 안에 계시는 것을 알지 못하느냐"(고전 3:16)고 말했습니다.

확대 성경 번역본에는 이렇게 썼습니다. "너희는 너희(고린도에 있는 전체 교회)가 하나님의 성전(그의 신성한 장소)인 것과 하나님의 영이 네 안에서 영원히 사시는 [집합적으로 한 교회로서 그리고 개인적으로도 네 안에서 집을 삼고 계시는] 것을 분별하고 이해하지 못하느냐?"

우리는 하나님의 성전입니다. 하나님은 전체 교회를 한 몸으로 볼 때 그 안에 사실 뿐 아니라 개개인 안에도 사십니다.

"당신 안에 집으로 삼으시고to be at home in you"란 표현을 주목하십시오. 하나님은 실제적으로 우리의 몸을 그의 집으로 삼으셨습니다! 더 이상 구약 시대와 같이 사람이 지은 지성소에 살지 않으십니다.

그 시대에는 모든 유대인 남자들은 적어도 1년에 한 번 하나님을 뵈러 예루살렘에 가도록 되어 있었습니다. 하나님의 임재가

지성소에만 있었기 때문에 그들은 예루살렘으로 여행을 해야만 했습니다. 대제사장 외에는 아무도 감히 거룩한 임재에 접근할 수 없었고 대제사장만 대단한 예방 조치를 한 후 접근할 수 있었습니다. 누구라도 그 거룩한 장소를 침범하는 자는 즉시 죽었습니다.

그러나 이제 이 모든 것은 끝나고 우리는 긍휼하심을 받고 때를 따라 돕는 은혜를 얻기 위하여 은혜의 보좌 앞에 담대히 나아갈 수 있습니다(히 4:16).

예수님이 죽으시기 전에 "다 이루었다"라고 말씀하셨습니다. 그분은 구속의 계획이 끝났다고 말씀하고 계시는 것이 아닙니다. 왜냐하면 구속은 예수님께서 죽으실 때 끝난 것이 아니기 때문입니다.

예수님은 죽음에서 부활하셔서 우리를 위한 영원한 구속을 얻기 위하여 희생 제물로 그분 자신의 피를 가지고 천국의 지성소로 올라가셔야만 했습니다. 그리고는 하나님의 우편에 앉아 하나님과 우리 사이에 중개자로서 그분의 중재적인 중보를 시작하시기 위하여 승천해야만 했습니다. 그 때까지 새로운 언약은 유효하지 않았습니다.

예수님께서 "다 이루었다"고 하실 때 그분은 구약이 모두 끝났다는 것을 말씀하고 계십니다.

예수님께서 이렇게 말씀하실 때, 그 베일, 성소와 지성소 사이의 커튼이 위로부터 아래로 두 조각으로 찢어졌습니다.

유대인이며 역사학자인 조세퍼스Josephus는 이 커튼은 폭이 40피트, 높이가 20피트, 두께가 4인치나 된다고 말합니다. 만일 사람이 이만한 크기의 것을 두 조각으로 찢는다는 것이 얼마나 어려울지 상상해 보십시오! 그러나 성경은 그것이 아래로부터 위로 찢어졌다고 말하지 않는 것을 주목하십시오. 오히려 성소 휘장이 위로부터 아래까지 찢어져 둘이 되었던 것입니다(마 27:51). 이것은 사람을 하나님으로부터 분리시켰던 커튼을 찢은 것은 사람이 아니라 하나님이란 것을 표시하고 있습니다.

하나님의 임재는 사람이 만든 지성소를 떠나셨고 그곳에 다시 사시지 않습니다. 이제 그의 거룩한 임재는 우리 안에 사십니다.

성령 충만함을 받는다는 것은 그저 신나는 경험 그 이상입니다. 거룩한 인격체이신 성령께서 사실적으로 당신 안에 사시기 위하여 오시는 것입니다!

"너희는 살아 계신 하나님의 성전이라 이와 같이 하나님께서 이르시되 내가 그들 가운데 거하며 두루 행하며 나는 그들의 하나님이 되고 그들은 나의 백성이 되리라"(고후 6:16)

우리 중 얼마나 많은 사람이 이 놀라운 진리를 온전히 깨달았을까요? 얼마나 많은 사람이 우리가 우리 일생의 항해를 마칠 때까지 필요한 모든 것을 사용할 수 있는 모든 권능이 우리 안에 있다는 사실을 인정하고 있을까요?

우리가 성경이 말씀하고 있는 것을 믿고 하나님의 말씀을 고백한다면 성령께서 우리 안에 불일 듯 일어나셔서 우리 마음에 비침을 주실 것입니다. 그분이 우리 영을 인도해 주시고 우리 몸에 건강을 주시며 우리 삶의 모든 면에서 도움을 주실 것입니다. 우리는 매 순간마다 그분의 임재를 인식할 수 있습니다.

고린도전서 3장 16절을 확대 성경 번역본으로 다시 봅시다. "…하나님의 영이 당신 안에서 그의 거처를 삼으시고 영원토록 사십니다…"

하나님이 우리 몸 안에 사신다는 것을 인식하고 있는 사람은 극소수뿐입니다. 우리가 그분이 우리 안에 사신다는 것을 인식하지 못하기 때문에 아직도 우리는 잘못된 말을 합니다.

예를 들어서 어떤 힘든 일을 하라고 부탁 받았을 때 우리는 얼마나 빨리 "아닙니다. 나는 그것을 할 수 없어요."라고 말하는지요.

왜 우리가 이렇게 말할까요? 그것은 우리가 우리 자신이 그 일을 해야 된다고 믿고 있고, 우리에게 그러한 능력이 없다는 것을 알기 때문입니다. 그러나 그분이 우리 안에 계시다는 것을 안다면 우리는 그분에게 능력이 있다는 것도 압니다. 그러면 우리는 그분을 믿음으로써 '나는 할 수 없어요'를 '나는 할 수 있어요'로 바꾸게 됩니다.

우리는 "그분이 내 안에 계시므로 나는 할 수 있어요. 내 안에 계신 이가 세상에 있는 자보다 크십니다."라고 말합니다. 우리가 당면한 문제가 얼마나 불가능한 것인가와 상관없이 우리는 "그분이 내 안에 사시므로 그분이 나를 성공시키실 것입니다." 라고 말할 수 있습니다.

이런 종류의 믿음, 이런 종류의 말이 믿음의 말인데 그런 말이 하나님께서 우리를 위해 역사하시도록 만듭니다.

어떤 사람들은 그들의 삶에서 성령님이 하시는 역할에 대해 잘못된 개념을 가지고 있습니다. 그들은 성령님께서 들어오시면 모든 것을 인수하셔서 주장하실 줄로 생각합니다. 그들은 그들 자신은 아무것도 하지 않고 성령님께서 그들의 두목같이 되기를 기대합니다.

그러나 성령님은 신사gentleman이십니다. 성령님은 우리를 안내하시고 인도하십니다. 그분은 우리를 자극해 주시고 권하시지만 우리의 삶에 있어서 무엇을 강요하시거나 지배하시지는 않습니다.

귀신들과 악한 영들은 사람들에게 들어가서 그들이 원하지 않는 일을 하라고 강요하면서 지배하지만 성령님은 신사적으로 우리를 인도하시고 안내하십니다. 그분은 우리를 돕는 자로 보내지셨으므로, 우리가 그분에게 우리를 위해서 일하게 할 때까지 아무것도 하지 않으십니다. 성령님은 우리를 위하여 일하라고 보내지신 것이 아니고 우리가 일하는 것을 돕기 위해 보내지셨습니다.

확대 번역본은 에베소서 3장 16-17절을 이렇게 썼습니다. "그의 풍성한 영광의 보고로부터 너의 가장 안쪽과 인격에 사시는 성령(하나님 자신)으로 말미암아 너희 속 사람을 거대한 능력으로 강건케 하시며 강화시키시기를 바라노라. 그리스도께서 너희 믿음을 통하여 네 심령 안에 자리잡으시고, 거하시며 그의 영원한 거처를 삼으시고 사시길 바라노라"

이 성경 구절에서 바울은 이미 거듭났고 성령 충만함을 받은 사람들에게 이 편지를 쓰고 있습니다.

어떻게 그리스도께서 우리의 심령 안에 사실까요? 그것은 우리의 믿음을 통해서입니다. 그리스도께서는 우리의 심령에서 우리 심령의 보좌에 앉은 왕으로 다스리시길 원하십니다. 그러나 극소수의 사람만이 그분에게 그렇게 하시도록 허락했습니다. 사람들은 하나님께서 무엇인가 해주시기를 원하면서 밖의 것을 바라봅니다.

그들은 "주님, 가까이 오세요. 가까이 오세요."라고 노래합니다(우리는 그분이 우리 가까이 오시기만 하면 그분이 우리를 위해서 무엇인가 하실 것이라고 생각합니다).

그리고 우리는 "네 손을 내밀어 주님이 지나가실 때 만져라"고 노래합니다. 그러니 이런 모든 것들은 감각적 지식일 뿐입니다. 이것들은 모두 돈 밖에 있는 것입니다. 그것들은 모두 육체적인 것들입니다.

누군가는 "그렇지만 성경에 있는 혈루병 앓는 여인은 손을 내밀어 주님을 만졌지 않아요?"라고 반문할 수 있습니다. 그렇습니다. 그러나 그것은 예수님께서 육체를 가지고 이 땅에 사실 때의 일입니다. 이제 예수님은 우리와 함께 하실 뿐 아니라 우리 안에 계십니다. 우리는 손을 내밀어 만질 필요가 없습니다. 그분은 항상 우리 안에 계시니까요.

그러나 우리가 그것을 알고 믿지 않는 한 그것은 우리에게 아무런 유익을 주지 못합니다. 왜냐하면 우리가 그것을 알고 믿지 않는 한, 성령께서 스스로 일어나 주관하지 않으시니까요. 우리가 성령님이 우리 안에 계시다는 것을 알고 하나님 말씀을 따라 총명하게 행동할 때 그분은 우리를 통하여 역사하십니다.

"내 안에 계신 이가 세상에 있는 이보다 크십니다. 더 크신

이가 내 안에 사십니다. 나는 그분을 의지합니다. 그분이 나의 항해를 마치게 하십니다. 그분이 내 안에 계시므로 나를 성공시키십니다. 창조의 주가 내 몸 안에 거처를 삼고 사십니다."

기억해야 할 구절

"내 안에 계신 이가 세상에 있는 자보다 크심이라"(요일 4:4)

20

믿음의 여섯 가지 적

핵심 진리

우리가 믿음의 선한 싸움을 싸울 때 우리는 실패라는 좁은 장소에서 빠져나와 무한한 하나님의 능력 안으로 들어가게 됩니다.

이번 과에서는 디모데전서 6장 12절에서 언급된 대로 그리스도인들의 믿음의 선한 싸움good fight of faith에 대해서 나누기로 하겠습니다.

나는 사람들이 "마귀와 싸워야 한다."고 말하는 것을 들은 적이 있습니다. 나는 그 사람들이 왜 그런 이야기를 하는지 모르겠습니다. 왜냐하면 첫째로 그들은 마귀와 싸우게 되어 있지 않고, 둘째로 예수님이 이미 우리를 위해서 마귀를 패배시키셨기 때문입니다. 예수님은 우리의 대용물이셨습니다.

또 사람들이 죄와 싸울 것이라고 말하는 것을 들었습니다. 그러나 나는 죄와 싸우지 않을 것입니다. 나는 죄를 깨끗케 함에 대해 설교할 것입니다. 예수님은 죄를 깨끗케 하시는 분입니다.

오직 한 가지 믿는 자가 싸워야 할 싸움은 "믿음의 선한 싸움" 뿐입니다. 이와 같은 싸움이 있다면 그것은 분명히 믿음의 '적'이나 '방해물'이 있다는 것을 암시하고 있습니다(만일 믿음의 적이 없다면 싸움도 없겠지요). 이번 과에서는 믿음의 여섯 가지 적에 대하여 다루겠습니다.

첫 번째 적 : 그리스도 안에서 새로운 피조물이 되었다는 것이 무엇인지 이해하는데 실패함

그런즉 누구든지 그리스도 안에 있으면 새로운 피조물이라 이전 것은 지나갔으니 보라 새 것이 되었도다   고후 5:17

우리가 새로운 피조물이 되었다는 것이 무엇을 의미하는지 이해하지 못하는 것은 우리의 믿음 생활을 방해합니다. 많은 사람들은 그들이 실제로는 새 피조물이란 것을 깨닫지 못합니다.

그들은 우리가 구원받았을 때 하나님께서 단지 우리의 죄를 용서해 주신 것쯤으로 생각합니다.

만일 이것이 불신자들이 받은 전부라면 그는 아직도 마귀의 자녀이어서 여전히 지옥에 가야하므로 별로 좋은 것이 아닐 것입니다. 그는 거듭나야만 합니다. 그는 그의 옛 것, 죄의 길을 벗어버리고 새로운 피조물이 되어야만 합니다.

아닙니다. 우리는 그저 용서 받은 죄인이 아닙니다. 우리는 간신히 살아가는 교회의 일원이 아닙니다. 우리는 허우적거리는 달동네에서, 천국에 가기 위해 애쓰며 불평하며 살아가고 있지 않습니다. 그것들은 우리의 것이 아닙니다!

우리는 그리스도 예수 안에서 하나님이 창조하셔서 하나님의 생명과 하나님의 본성을 우리 영에 가지고 있는 새로운 피조물입니다. 우리는 하나님의 자녀들이고, 하나님의 아들들이며, 하나님의 상속자들이고, 그리스도 예수와 함께 공동 상속자joint heirs입니다.

두 번째 적   우리의 위치를 이해하는데 실패함

나는 가는 곳마다 그리스도인들에게 신약 성경 중 특히

서신서를 읽어 내려가며 '그리스도 안에서in Christ', '그 안에서in Whom', '그 안에서in Him' 등의 구절들을 기록해 보라고 제안합니다. 그것들을 써 내려가는 것이 기억하는 데 도움이 될 것입니다.

신약 성경에는 그와 같은 표현이 약 140번 정도 나옵니다. 만일 당신이 이런 성경 구절을 그것들이 당신의 일부가 될 때까지 읽고 묵상한다면 당신의 삶은 달라질 것입니다.

이런 구절들을 읽을 때 당신 자신에게 "이게 바로 나다. 이것이 그리스도 예수 안에서 내가 가진 것들이다." 라고 말하십시오.

내가 방문했던 한 교회의 목사님이 그가 본 중 가장 뛰어난 그리스도인이라고 표현했던 한 여인이 있었습니다. 그녀는 일류 신학 대학원에서 받은 기독교 교육 학위를 가지고 있었고, 그 교회에서 보수를 받지 않고 그녀의 시간을 드리고 있었습니다.

부흥 집회가 그곳에서 열리고 있는 동안 나는 사람들에게 이러한 성경 구절들을 외우고 선포하라고 강력히 권했습니다. 한참 후에 이 여인이 내게로 와서 성경 스물 다섯 구절을 고백하였고, 완전히 다른 사람이 되었다고 말했습니다. 그녀는 더 이상 염려하지 않는다고 말했습니다. 말하고 행동하는 것이 달라졌다고 했습니다. 그녀는 느끼는 것도 달라졌고, 그녀는 자기 자신에게 놀랐습니다.

나는 그녀에게 그녀가 항상 가지고 있던 것인데 그 당시 그 빛 가운데 걷기 시작한 것뿐이라고 말했습니다. 다른 많은 그리스도인들과 같이 그녀는 그녀의 삶에 그리스도가 무엇인지 바른 이해가 없었던 것입니다. 이것이 그녀의 믿음을 방해했던 것입니다. 이런 것들을 이해하는 것이 그녀의 염려하는 습관을 치료했습니다.

세 번째 적 : '의'를 이해하는데 실패함

하나님이 죄를 알지도 못하신 이를 우리를 대신하여 죄를 삼으신 것은 우리로 하여금 그 안에서 하나님의 의가 되게 하려 하심이라
고후 5:21

예수의 피는 우리를 모든 죄로부터 깨끗하게 합니다(요일 1:7). 그러므로 새로운 탄생으로 우리는 의로운 새 피조물이 됩니다. 하나님은 불의한 피조물을 만드시지 않았다는 것을 우리는 압니다. 우리는 그리스도 예수 안에서 하나님이 창조하셨고, 그분은 우리를 의로운 새 피조물로 만드셨습니다.

마치 우리가 전혀 죄를 지은 적이 없는 것처럼 하나님의 아들

들과 딸들이 된 것입니다. 우리는 아무런 죄의식도, 자책감이나 부끄러움도 없이 하나님의 임재 앞에 설 수 있습니다. 우리는 두려움 때문에 몸이 굳어질 필요가 없습니다. 우리는 하나님의 임재 속으로 들어갈 수 있습니다. 그곳은 우리가 속한 곳이기 때문입니다.

우리가 거듭 났을 때, 우리의 과거는 존재를 멈추었기 때문에 우리의 죄들은 용서받았습니다.

하나님께서는 우리의 죄를 기억하시지 않겠다고 말씀하셨습니다(렘 31:34). 하나님께서 우리의 죄를 기억하지 않는데 왜 우리가 기억합니까? 어떤 사람은 "그렇지만 저는 그리스도인이 된 후에도 죄를 지어 왔는걸요? 제가 어떻게 의로울 수 있어요?"라고 말할 것입니다.

이 물음의 답은 요한일서 1장 9절에서 발견됩니다.

"만일 우리가 우리 죄를 자백하면 그는 미쁘시고 의로우사 우리의 죄를 사하시며 우리를 모든 불의에서 깨끗하게 하실 것이요"

죄를 지은 신자가 그의 죄를 고백하며 용서를 구하면 주님께서 두 가지 일을 하십니다.

(1) 하나님께서 그를 용서해 주시고,
(2) 모든 불의에서 깨끗케 하십니다.

우리가 죄를 지으면 우리는 '죄의식'을 느끼며 '불의한 감 a sense of un-righteous-ess'을 가지게 됩니다. 그래서 우리는 하나님 임재로 들어오기에 합당치 않다고 느낍니다. 그러나 우리가 우리의 죄를 고백하였을 때 하나님께서 용서해 주시고 우리를 깨끗케 하십니다. 우리는 다시 하나님과 바른 위치에 설 수 있게 되는 것입니다.

'불의함unrighteousness'이라는 단어는 단순히 '의'라는 단어 앞에 접두사 '불un'이 앞에 있습니다. 그 뜻은 '의롭지 못함not righteousness'입니다. 우리가 '불의'로부터 깨끗하여 졌으면 우리는 다시 의로워진 것입니다.

네 번째 적 : 예수 이름을 사용할 수 있는 우리의 권리를 이해하는데 실패함

그 날에는 너희가 아무것도 내게 묻지 아니하리라 내가 진실로 진실로 너희에게 이르노니 너희가 무엇이든지 아버지께 구하는 것을 내 이름으로 주시리라 지금까지는 너희가 내 이름으로 아무것도 구하지 아니하였으나 구하라 그리하면 받으리니 너희 기쁨이 충만하리라   요 16:23-24

우리가 예수 이름의 능력을 깨달았을 때, 우리가 그 이름이 무엇을 할 것인지 깨닫는 그 때 우리는 사단을 패배시키고 승리를 누릴 수 있습니다.

마가복음 16장에서 예수님께서 그의 제자들에게 말씀했습니다.

> 또 이르시되 너희는 온 천하에 다니며 만민에게 복음을 전파하라 믿고 세례를 받는 사람은 구원을 얻을 것이요 믿지 않는 사람은 정죄를 받으리라 믿는 자들에게는 이런 표적이 따르리니 곧 그들이 내 이름으로 귀신을 쫓아내며 새 방언을 말하며 뱀을 집어올리며 무슨 독을 마실지라도 해를 받지 아니하며 병든 사람에게 손을 얹은즉 나으리라 하시더라
>
> 막 16:15-18

이러한 이적들은 초대 교회와 사도들, 목회자들에게만 아니라 복음을 믿는 자들에게 따른다고 했습니다. 모든 신자들은 예수 이름으로 귀신들을 쫓아낼 수 있습니다. 모든 신자들은 예수 이름으로 악한 영들을 이길 권세를 가지고 있습니다. 그의 이름으로 새 방언으로 말할 것입니다.

예수 이름으로 병든 자에게 손을 얹을 때 그들이 나을 것입

니다. 예수 이름은 권세와 능력을 가지고 있고 그 이름은 우리의 것입니다!

다섯 번째 적 : 하나님의 말씀을 따라 행동하는 것에 실패함

만일 우리가 하나님의 말씀이 진리인 것을 알고 그것이 진리인 것 같이 행동한다면 그것이 우리 삶에 실체가 됩니다.

성경은 "너는 마음을 다하여 여호와를 신뢰하고 네 명철을 의지하지 말라"(잠 3:5)고 말씀합니다. 우리가 들어볼 필요가 있는 것은 오직 "하나님 말씀은 무엇이라고 하는가?"입니다.

사람들이 종종 왜 그들이 병고침을 받을 수 없었는지 내게 묻곤 합니다. 그들은 "그가 친히 우리의 연약함을 담당하시고 병을 짊어지셨도다"(마 8:17)나 "친히 나무에 달려 그 몸으로 우리 죄를 담당하셨으니 이는 우리로 죄에 대하여 죽고 의에 대하여 살게 하려 하심이라 저가 채찍에 맞음으로 너희는 나음을 얻었나니"(벧전 2:24)와 같은 말씀을 인용합니다.

그들은 이런 성경 구절들을 믿었다고 말합니다.

그러면 나는 그들에게 "그런데 당신은 이 성경 구절들이 진리인 것처럼 행동해 보셨나요?"하고 묻습니다.

장로교 목사로서 후에 '그리스도인과 선교사 동맹Christian and Missionary Alliance'의 창시자였던 심슨A. B. Simpson은 40대의 나이에 심장병으로 죽어가고 있었으며 몇 달 밖에 살지 못할 것이라는 말을 들었습니다.

그는 마이애미의 올드 오챠드 비치Old Orchard Beach로 휴가를 가서 그가 관심을 가지고 있었던 병고침에 대해 하나님 말씀을 공부하며 시간을 보냈습니다. 그는 '치유의 복음The Gospel of Healing'이란 책에 이렇게 썼습니다.

"…그 여름에 저는 상당히 많은 수의 사람들이 그들이 구원받을 때와 마찬가지로 단순히 하나님의 말씀을 믿음으로 치유받았다는 것을 듣게 되었습니다. 그것은 내가 성경을 보도록 만들었습니다. 저는 이 문제에 대하여 어떤 식으로든 해결을 하기로 마음 먹었습니다."

"저는 제가 사람을 찾아가지 않은 것에 대해 너무 기쁩니다. 주님의 발 밑에서 홀로 성경을 펴고 아무도 가르쳐 주는 사람 없이 저는 병고침이 죄 많고 고통 많은 이 세상에 주신 그리스도의 영광스런 복음의 일부라는 것과 누구든지 그의 말씀을 믿고 받아들이는 모든 자를 위해 예수님의 축복된 십자가로 값을 지불하였다는 것에 설득되었습니다."

심슨은 하나님께 자신의 병고침을 아무 의심 없이 받아 들이

겠다고 진지하게 서원하였습니다. 예수님을 그의 치유자로 받아 들이고 하나님이 그에게 원하시는 대로 어떠한 방식으로든 치유에 대해 설교하고 기도할 것을 맹세한 것입니다.

이틀 뒤 심슨은 뉴 햄프셔New Hampshire의 예배 때 말씀을 전하도록 초청 받았습니다. 그는 예수님과 그분이 병고침에 대해 얼마나 신실하신 분인지에 대해 증거했고 그가 예수님을 그의 치유자로 받아들였다는 것도 나누었습니다.

그 다음날 그는 등반mountain climbing에 초대되었습니다. 그의 첫 반응은 그의 심장 상태 때문에 갈 수 없다는 것이었습니다. 그 다음에 그는 병고침 받은 것을 선언했다는 것을 기억하고서 그 초대를 수락하였습니다. 그때까지 그는 병고침을 받은 것을 느낄 수 없었고 단지 병고침 받았다는 것을 선포하였을 뿐이었습니다.

그는 산꼭대기까지 오를 때까지 전쟁을 했습니다. 그의 마음이 성경 말씀으로부터 떠날 때마다 그는 연약함과 고통과 두려움을 느꼈습니다. 그러나 그가 이러한 느낌들을 이기고 그의 치유를 선포할 때마다 증상들은 떠나곤 했습니다. 그는 이 전쟁을 산꼭대기에 오를 때까지 치렀고 승리하였던 것입니다.

그는 하나님을 섬기며 활동적이고 활기찬 삶으로 인도하는 일을 계속했고 더 이상의 증상으로 고통받지 않았습니다. "저는 발걸음을 내딛고 나의 승리를 얻어야 했던 것입니다."라고 결론 지어 말했습니다.

진짜 믿음은 하나님의 말씀에 대한 지식의 산물입니다. 심슨은 하나님 말씀 위에서 행동했고 진짜 믿음을 얻게 된 것입니다. 믿으려고 애쓰지 말고 하나님 말씀대로 행동하십시오.

여섯 번째 적 : 믿음의 고백을 붙잡는 것에 실패함

사람이 마음으로 믿어 의에 이르고 입으로 시인하여 구원에 이르느니라 롬 10:10

내가 진실로 너희에게 이르노니 누구든지 이 산더러 들리어 바다에 던져지라 하며 그 말하는 것이 이루어질 줄 믿고 마음에 의심하지 아니하면 그대로 되리라 그러므로 내가 너희에게 말하노니 무엇이든지 기도하고 구하는 것은 받은 줄로 믿으라 그리하면 너희에게 그대로 되리라 막 11:23-24

세인트 루이스St. Louis에 있는 젊은 목사가 제게 말했습니다.

"저는 32살인데요, 의사 선생님들이 내 아내가 아이를 가질 수 없다고 말했습니다. 우리를 위해 말씀하시고 기도해 주시겠어요?"

우리가 함께 대화를 나누고 기도할 때 그의 아내는 그녀가 아이를 가졌다고 고백할 것이라고 말했습니다. 그 때에 그녀는 항상 아이를 갖기를 원한다고 말해 왔었습니다. 이제 그녀는 그들이 아이를 가졌다고 말하였던 것입니다.

12개월 후 나는 그들이 엄마 손을 잡고 발을 콩통 구르는 여자 아기를 가지고 있다는 편지를 받았습니다. 그들은 말씀에 의지하여 행동해야만 했던 것입니다.

믿음은 우리의 고백으로 측량될 수 있습니다. 주님께서 우리를 얼마나 사용하실 수 있는가도 우리의 고백으로 측량됩니다.

결국 우리는 좋게든지, 나쁘게든지 우리가 고백하는 대로 되어집니다.

우리는 심령으로 고백할 수 있고 우리의 입술로도 고백할 수 있는데, 우리 심령의 고백과 우리 입술의 고백이 일치할 때 우리의 기도생활은 강력해 집니다.

많은 그리스도인들이 패배하는 이유는 그들이 부정적인 고백을 하기 때문입니다. 그들은 항상 그들의 약함과 실패들에 대해 말하고 틀림없이 그들이 고백한 수준대로 가라앉게 됩니다.

위에 인용하였던 마가복음 11장 23-24절에서 내가 예수님의 입술을 통해 발견한 영적 법칙이 있습니다. 이것은 우리의 고백이 우리를 지배하는 법칙입니다. 우리는 우리가 말하는 대로입니다 We are what we Say.

마가복음 5장 25-34절에서 우리는 혈루병 앓는 여인이 "내가 예수님의 옷자락을 만지기만 하면 나으리라"고 말한 것을 발견합니다. 예수님은 말씀하셨습니다. "딸아, 네 믿음이 너를 구원하였으니 평안히 가라. 네 병에서 놓여 건강할지어다" 그녀가 말한 것은 그녀의 믿음이 말한 것이었고 그대로 이루어졌던 것입니다.

사도 바울이 우리에게 권고한 것과 같이 우리가 "믿음의 선한 싸움"을 싸울 때 비로소 우리는 실패와 연약함의 좁은 장소에서 무한한 하나님의 능력 안으로 들어갈 수 있습니다.

기억해야 할 구절

"믿음의 선한 싸움을 싸우라 영생을 취하라 이를 위하여 네가 부르심을 입고 많은 증인 앞에서 선한 증언을 하였도다"
(딤전 6:12)

21

하나님과 같은 믿음

핵심 진리

우주를 존재하라고 말했던 그런 믿음이 우리의 심령 가운데 부어졌습니다.

하나님과 같은 믿음을 알아볼 수 있는 두 가지 일 중, 첫째는 사람이 심령으로 믿는 것이고, 둘째는 자신이 한 말을 믿는 것입니다. 당신의 심령으로만 믿는 것은 충분하지 않습니다. 하나님이 당신을 위해 역사하시게 하려면 당신은 당신의 말도 믿어야만 합니다.

예수님은 말씀하십니다. "내가 진실로 너희에게 이르노니 누구든지 이 산더러 들리어 바다에 던져지라 하며 그 말하는 것이 이루어질 줄 믿고 마음에 의심하지 아니하면 그대로 되리라"(막 11:23) 이것은 변할 수 없는 믿음의 법칙입니다.

이튿날 저희가 베다니에서 나왔을 때에 예수께서 시장하신지라 멀리서 잎사귀 있는 한 무화과나무를 보시고 혹 그 나무에 무엇이 있을까 하여 가셨더니 가서 보신즉 잎사귀 외에 아무것도 없더라 이는 무화과의 때가 아님이라 예수께서 나무에게 일러 이르시되 이제부터 영원토록 사람이 네게서 열매를 따먹지 못하리라 하시니 제자들이 이를 듣더라 … 그들이 아침에 지나갈 때에 무화과나무가 뿌리째 마른 것을 보고 베드로가 생각이 나서 여짜오되 랍비여 보소서 저주하신 무화과나무가 말랐나이다 예수께서 대답하여 그들에게 이르시되 하나님을 믿으라 내가 진실로 너희에게 이르노니 누구든지 이 산더러 들리어 바다에 던져지라 하며 그 말하는 것이 이루어질 줄 믿고 마음에 의심하지 아니하면 그대로 되리라 그러므로 내가 너희에게 말하노니 무엇이든지 기도하고 구하는 것은 받은 줄로 믿으라 그리하면 너희에게 그대로 되리라　　막 11:12-14, 20-24

"하나님을 믿으라Have faith in God" 또는 관주에는 "하나님의 믿음을 가지라Have faith of God"고 한 문장을 주의하여 봅시다. 헬라어 학자들은 이 구절이 "하나님과 같은 믿음을 가지라 Have the God - kind of faith"고 번역되어져야 한다고 말합니다.

예수님은 그분이 하나님과 같은 믿음을 가지고 계신 것을 보여 주셨습니다. 그가 무화과나무를 멀리서 보았을 때, 무화과나무에 잎이 무성한 것을 보았습니다. 그러나 무화과를 얻으려고 가까이 갔을 때, 예수님은 열매가 없는 것을 발견하였습니다.

어떤 사람들은 왜 예수님께서 무화과가 익을 철도 아닌데 나무에서 무화과를 찾으셨냐고 질문을 합니다. 어쨌든, 그 나라에서는 잎을 간직하고 있는 나무에는 보통 무화과도 있는 것이 통례였습니다.

나무에 열매가 없음을 보시고 예수님은 말씀하셨습니다. "이제부터 영원토록 사람이 네게서 열매를 따먹지 못하리라"

그 다음날 예수님과 그의 제자들이 다시 지나갈 때에 그 나무가 뿌리로부터 마른 것을 그들이 발견하였습니다. 베드로가 놀라서 말했습니다.

"주님 보십시오 저주하신 무화과나무가 말랐나이다"

바로 그때 예수께서 말씀하셨습니다.

"하나님을 믿으라(하나님의 믿음을 가지라 또는 하나님과 같은 믿음을 가지라)"

"예수께서 대답하여 저희에게 이르시되 하나님을 믿으라 내가 진실로 너희에게 이르노니 누구든지 이 산더러 들리어 바다에 던져지라 하며 그 말하는 것이 이루어질 줄 믿고 마음에 의심하지 아니하면 그대로 되리라"(22-23절)

예수님은 22절에서 그의 제자들에게 하나님과 같은 믿음을 가지라고 말씀하신 뒤 예수님은 이것이 무엇을 의미하는지 계속 설명하셨습니다. 하나님과 같은 믿음은 사람이 그의 심령heart으로 믿고 그의 심령의 믿는 것을 그의 입으로 말하는 믿음이며, 그것은 반드시 이루어집니다.

예수님은 그가 말하는 것이 이루어질 줄 믿었으므로 그런 종류의 믿음을 가지고 있는 것을 보여 주셨습니다. 그는 나무에게 "이제부터 영원토록 사람이 네게서 열매를 따먹지 못하리라"고 말씀하셨습니다.

이것이 이 세계가 존재하도록 말했던 그런 종류의 믿음입니다!

"믿음으로 모든 세계가 하나님의 말씀으로 지어진 줄을 우리가 아나니 보이는 것은 나타난 것으로 말미암아 된 것이 아니니라"(히 11:3)

하나님께서 어떻게 그렇게 하셨을까요? 하나님은 하나님이 하시는 말이 그대로 이루어질 것을 믿으셨습니다. 하나님은 말씀하셨고 지구가 생겼습니다. 하나님은 식물 세계가 생기라고 말씀하셨습니다. 하나님은 동물 세계가 생기라고 말했습니다. 하나님은 하늘들에게, 달에게, 태양에게, 별들에게, 그리고 우주가 생기라그 말씀하셨습니다. 하나님이 말하셨고, 그분이 말하신 대로 되었습니다!

이런 것이 하나님과 같은 믿음입니다. 하나님은 그가 말하는 것이 그대로 이루어질 줄 믿으셨고, 그대로 된 것입니다.

일정한 믿음의 분량

예수님은 그의 제자들에게 하나님과 같은 믿음을 시범으로 보여 주셨고 그들에게도 그런 종류의 믿음이 있다고 말했습니다. 사람이 심령으로 믿고 그가 믿는 것을 그의 입으로 말했을 때 그대로 될 것이라는 믿음입니다.

어떤 사람은 "저도 그런 종류의 믿음을 갖고 싶어요. 저도 하나님께 그런 것을 달라고 기도하려고 해요."라그 말할 것입니다. 그러나 당신은 그것을 위해 기도할 필요가 없습니다. 당신은 이미 그것을 가지고 있습니다!

"내게 주신 은혜로 말미암아 너희 중 각 사람에게 말하노니 마땅히 생각할 그 이상의 생각을 품지 말고 오직 하나님께서 각 사람에게 나누어 주신 믿음의 분량대로 지혜롭게 생각하라"(롬 12:3)

바울이 이 편지에 "너희 각 사람에게 말하노니"라고 썼으므로 이 편지는 믿는 자들에게 썼다는 것임을 주목하십시오. 로마서는 서신서인데 이 세상에 있는 불신자들에게 쓰여진 것이 아니라 그리스도인들에게 쓰여진 편지입니다. 그것은 "로마에서 하나님의 사랑하심을 받고 성도로 부르심을 받은 모든 자에게…"(롬 1:7)라고 시작한 인사말로 알 수 있습니다. 그리고 그 편지 안에서 바울은 그들에게 하나님은 '모든 사람에게 믿음의 분량을 주셨다'고 말합니다.

바울은 또 "너희는 그 은혜에 의하여 믿음으로 말미암아 구원을 받았으니 이것은 너희에게서 난 것이 아니요 하나님의 선물이라"(엡 2:8)고 말했습니다.

바울은 여기서 이 믿음은 너희 것이 아니라고 말하고 있습니다. 그는 은혜에 대해서 언급하고 있는 것이 아닙니다. 왜냐하면 모든 사람이 은혜는 하나님의 것이라는 사실을 알고 있으니까요. 바울은 우리가 구원받은 믿음은 우리 것이 아니라고 말합니다. 그것은 태어날 때부터 모든 사람이 가지고 있는 믿음이 아닙니다. 그것은 하나님으로 말미암아 죄인들에게 주어진 것입니다. 그러면 하나님께서 어떻게 불신자에게 구원 받을 믿음을 주실까요?

로마서 10장 17절은 "믿음은 들음에서 나며 들음은 그리스도의 말씀으로 말미암았느니라"라고 말합니다.

위 구절들에서 바울은, 믿음은 (1) 주어졌다is given (2) 나누어 주었다is dealt 그리고 (3) 온다comes라고 말합니다.

믿고 말하는 것이 믿음의 열쇠입니다

로마서 10장 8절에 있는 단어들을 주목하십시오. "그러면 무엇을 말하느냐 말씀이 네게 가까워 네 입에 있으며 네 마음에 있다 하였으니 곧 우리가 전파하는 믿음의 말씀the word of faith이라"

위 구절은 예수님이 마가복음 11장 23절에서 말한 것과 어떻게 다를까요? 이 로마어 쓴 편지는 예수님이 그의 제자들에게 "누구든지 … 그의 심령에 의심치 아니하고 믿으면 … 무엇이든지 말한 대로 되리라"고 말씀하신 것과 정확히 일치합니다.

여기서 우리는 하나님과 같은 믿음의 기본 원리를 알 수 있습니다. 심령으로 믿고 그것을 입으로 말하는 것입니다. 예수님은 그것을 믿으셨고 그리고 그것을 말하셨습니다. 하나님은 그것을 믿으셨고 지구가 생기라고 말하셨습니다.

로마서 10장 9절과 10절에서는 "네가 만일 네 입으로 예수를 주로 시인하며 또 하나님께서 그를 죽은 자 가운데서 살리신 것을 네 마음에 믿으면 구원을 받으리라 사람이 마음으로 믿어 의에 이르고 입으로 시인하여 구원에 이르느니라"(롬 10:9-10)고 말합니다.

하나님 말씀을 듣는 것을 통하여 일정한 양의 믿음이 불신자들에게 수여됩니다. 그 때 그는 자신의 삶에 구원의 실체reality를 창조하는데 그것을 사용합니다.

그리스도인들에게 "언제 구원받으셨어요?"라는 물음을 받을 때 그들은 종종 "7월 10일 밤 9시쯤입니다."하는 식의 대답을 합니다.

그들은 실수하고 있는 것입니다. 하나님은 2000년 전에 그들을 구원하셨습니다. 구원은 그들이 믿고 고백하였을 때 그들에게 실체reality가 된 것입니다.

구원은 모든 사람의 것입니다. 이 세상의 모든 남자와 여자는 구원받을 법적 권리가 있습니다. 예수님은 당신과 나만이 아니라 이 세상의 모든 사람들을 위하여 죽으셨습니다. 이 진리가 불신자들에게 선포될 때 그것은 믿음이 오게 만듭니다. 그가 믿고 고백할 때, 그는 그의 믿음으로 그의 삶에 구원의 실제를 창조합니다.

> 누구든지 주의 이름을 부르는 자는 구원을 받으리라 그런즉 그들이 믿지 아니하는 이를 어찌 부르리요 듣지도 못한 이를 어찌 믿으리요 전파하는 자가 없이 어찌 들으리요 … 그러므로 믿음은 들음에서 나며 들음은 하나님의 말씀으로 말미암았느니라 　　　　　　　　　　　　　롬 10:13-14, 17

믿음이 하나님의 말씀을 들음으로 오듯이, 우리가 하나님으로부터 받는 어떤 것이든 하나님의 말씀을 들음에서 옵니다. 다른 말로 하자면 하나님은 하나님과 같은 믿음이 말씀을 듣는 자의 심령에 이르도록 만드십니다.

예수님께서 "그러므로 너희가 어떻게 들을까 스스로 삼가라" (눅 8:18)고 말씀하신 것은 당연합니다. 우리는 한 귀로 듣고 다른 귀로 흘러가게 할 수도 있습니다. 이런 것은 아무런 유익이 없습니다. 믿음은 오지 않을 것입니다. 만일 당신이 하나님의 말씀을 무슨 동화 속의 이야기 정도로만 안다면 믿음은 오지 않을 것입니다. 그러나 당신이 말씀을 정중하게 그리고 진심으로 받아들인다면 당신이 그대로 행동할 때 믿음은 오는 것입니다.

바울은 고린도 교회에 "기록된 바 내가 믿었으므로 말하였다 한 것과 같이 우리가 같은 믿음의 영spirit of faith을 가졌으니 우리도 믿었으므로 또한 말하노라"(고후 4:13)고 썼습니다.

바울은 우리가 같은 믿음의 영을 가졌다고 말합니다. 그리고 그 당시 고린도 교회가 가지고 있던 것을 오늘날 우리 교회도 가지고 있습니다. 바울이나 다른 사도들을 통해서 사람들에게 믿으라고 격려하며 쓴 글은 한 번도 없습니다. 그들은 믿음을 가지라고 쓴 적이 결코 없습니다. 우리가 신자에게 믿으라고 또는 믿음을 가지라고 격려하는 것은 우리에게 하나님 말씀의 실제성이 결여된 결과입니다. 우리는 믿는 자들입니다!

우리의 아이들이 집을 떠나 멀리 있을 때 우리는 "계속해서 숨 쉬도록 해라"고 편지에 쓰지 않습니다. 그들이 살아있는 한 숨쉬기를 계속할 것이기 때문입니다. 이와같이 믿는 자들에게 믿으라고 격려할 필요가 없습니다. 왜냐하면 그들은 믿은 자들이기 때문입니다. 우리 중 얼마나 많은 사람이 우리의 말이 우리를 지배한다는 것을 깨달았을까요? "네 입의 말로 네가 잡히게 되었느니라" 잠언 6장 2절 말씀입니다. 또 다른 번역본에서는 "너는 네 입의 말로 포로가 되었느니라"고 썼습니다.

한 젊은이가 내게 와서 자신은 패배하였다고 고백하기 전까지 한 번도 패배한 적이 없다고 말했습니다. 한 침례교 목사님은 이렇게 표현했습니다. "당신이 할 수 없다고 말하는 그 순간 당신은 패배한 것입니다. 당신이 믿음이 없다고 말하면 의심이 거인과 같이 일어나서 당신을 묶습니다. 당신은 당신이 한 말로 감금된 것입니다. 당신이 실패를 말하면 실패가 당신을 붙잡아서 속박합니다."

패배나 실패는 하나님의 자녀에게 속한 것이 아닙니다. 하나님은 결코 실패자를 만드시지 않으셨습니다. 하나님께서 우리를 새로운 피조물로 만드셨습니다. 우리는 육신의 뜻으로나 사람의 뜻으로 난 것이 아니고 하나님의 뜻으로 났습니다. 우리는 그리스도 예수 안에서 창조되었습니다. 실패는 사람의 산물입니다. 실패는 잘못된 믿음과 잘못된 생각의 산물입니다.

요한일서 4장 4절에는 "너희 안에 계신 이가 세상에 있는 이보다 크심이니라"고 했습니다. 당신 안에 계신 더 크신 이를 신뢰하는 것을 배우십시오. 그분은 이 세상에 있는 무엇보다도 강하십니다.

하나님은 우주를 말씀으로 지으셨습니다. 믿음에 가득찬 말씀은 이 세상에서 가장 능력이 있는 것입니다.

하나님과 같은 믿음the God-kind of faith은 심령으로 믿고 입으로 고백하는 것입니다.

우리의 입술이 우리를 백만장자로 만들 수도 있고, 극빈자로 만들 수도 있습니다.

우리의 입술이 우리를 승리자로 만들 수도 있고 포로로 만들 수도 있습니다.

우리는 우리의 말들을 믿음으로 채울 수도 있고 의심으로 채울 수도 있습니다.

우리는 우리의 말들을 가장 차가운 심령도 녹일 사랑으로 채울 수도 있고 미움과 독으로 채울 수도 있습니다.

우리는 우리의 말들을 용기를 잃은 자나 상처받은 자를 돕는 사랑으로 채울 수도 있고 천국을 뒤흔들 만한 믿음으로 채울 수도 있습니다.

우리는 우리의 말들이 천국과 똑같은 분위기를 풍기게 만들 수도 있습니다.

우리의 믿음은 우리 입술의 말 이상으로 올라갈 수 없습니다. 예수님은 혈루병 앓는 여인에게 그녀의 믿음이 그녀를 온전케 했다고 말했습니다.

생각들이 들어와서 계속 머무르려고 우길 수도 있습니다. 그러나 우리가 그 생각들을 말로 표현하기를 거절한다면 그들은 태어나지도 않은 채 죽습니다.

큰 것을 생각하는 습관을 개발하십시오.

당신의 영을 따라 말하는 법을 배우십시오.

믿음의 고백들은 실재를 창조합니다. 고백은 사실이라고 깨닫게 만듭니다. 고백은 소유를 가져옵니다.

기억해야 할 구절

"그러면 무엇을 말하느냐 말씀이 네게 가까워 네 입에 있으며 네 마음에 있다 하였으니 곧 우리가 전파하는 믿음의 말씀이라"(롬 10:3)

22

믿음과 일치하는 행동들

핵심 진리

말씀대로 행하는 사람의 행동은 그의 고백과 동시에 일어납니다.

신자들이 하는 가장 큰 실수 중의 하나는 그들이 하나님의 말씀을 고백하면서 동시에 그들의 고백에 상반되는 행동을 한다는 것입니다.

우리는 하나님께서 우리의 재정적 필요를 공급해 주실 것이라고 말합니다. 그러나 동시에 우리는 어떻게 고지서들을 지출할 것인가 걱정합니다. 한순간 우리는 하나님의 말씀이 진리라고 고백하고 곧바로 우리의 잘못된 행동으로 우리가 말한 모든 것을 부인합니다. 만일 우리가 하나님으로부터 무엇을 얻으려면 우리의 행동들이 우리가 말하는 것과 일치해야만 합니다.

온전해진 믿음

내 형제들아 만일 사람이 믿음이 있노라 하고 행함이 없으면 무슨 유익이 있으리요 그 믿음이 능히 자기를 구원하겠느냐 만일 형제나 자매가 헐벗고 일용할 양식이 없는데 너희 중에 누구든지 그에게 이르되 평안히 가라, 더웁게 하라, 배부르게 하라 하며 그 몸에 쓸 것을 주지 아니하면 무슨 유익이 있으리요 이와 같이 행함이 없는 믿음은 그 자체가 죽은 것이라 어떤 사람들은 말하기를 너는 믿음이 있고 나는 행함이 있으니 행함이 없는 네 믿음을 내게 보이라 나는 행함으로 내 믿음을 네게 보이리라 하리라 네가 하나님은 한 분이신 줄을 믿느냐 잘하는도다 귀신들도 믿고 떠느니라 아아 허탄한 사람아 행함이 없는 믿음이 헛것인 줄을 알고자 하느냐 우리 조상 아브라함이 그 아들 이삭을 제단에 바칠 때에 행함으로 의롭다 하심을 받은 것이 아니냐 네가 보거니와 믿음이 그의 행함과 함께 일하고 행함으로 믿음이 온전하게 되었느니라   약 2:14-22

웨이머스Weymouth의 번역본은 14절과 22절을 이렇게 말합니다.

"내 형제들아 만일 사람이 믿음이 있다고 공언하고 그의 행동이 일치하지 않으면 무엇이 유익하겠습니까 … 그의 믿음이 그의 행동과 함께 일하고 그의 행동으로 그의 믿음이 온전하게 됩니다…"

어떤 사람들은 야고보서가 구원에 대하여 쓰여졌고 불신자에게 쓰여졌다고 생각합니다. 그러나 야고보는 구원받지 못한 자들에게 쓰고 있는 것이 아니라 신자에게 쓰고 있습니다. 야고보는 "내 형제들아 무엇이 유익하리요…"라고 말했습니다. 야고보는 그리스도 안에 있는 형제 자매들에게 그들이 믿는 자들이라 할지라도 행동이 일치하지 않는 믿음은 역사하지 않는다고 지적하고 있습니다.

야고보는 "듣기만 하여 자신을 속이는 자가 되지 말고 말씀을 행하는 자가 되십시오"(약 1:22)라고 말합니다. 다른 번역본은 '네 자신을 현혹하지 말라'고 표현합니다.

많은 사람들이 현혹되어서 그들이 가지고 있는 문제에 대하여 마귀를 탓하거나 다른 사람을 탓하곤 합니다. 그러한 일은 그들이 하나님의 말씀을 행하는 자가 아니기 때문입니다.

말씀대로 행하는 자의 행동은 그의 고백과 일치합니다!

인생의 폭풍들

그러므로 누구든지 나의 이 말을 듣고 행하는 자는 그 집을 반석 위에 지은 지혜로운 사람 같으리니 비가 내리고 창수가 나고 바람이 불어 그 집에 부딪치되 무너지지 아니하나니 이는 주추를 반석 위에 놓은 까닭이요 나의 이 말을 듣고 행하지 아니하는 자는 그 집을 모래 위에 지은 어리석은 사람 같으리니 비가 내리고 창수가 나고 바람이 불어 그 집에 부딪치매 무너져 그 무너짐이 심하니라   마 7:24-27

인생의 폭풍들은 우리 모두에게 옵니다. 그것은 질병의 폭풍일 수도 있고, 재정적 어려움일 수도 있고, 가족의 문제이거나 다른 종류의 시험일 수도 있습니다.

어쨌든 우리를 패배시키는 것은 인생의 폭풍들이 아닙니다. 우리를 패배시키는 것은 그런 폭풍들에 대한 우리의 반응입니다.

바람이 불고 홍수가 날 때, 말씀을 행하는 자는 하나님은 실패할 수 없다는 것을 알기 때문에 그의 믿음의 고백을 굳게 잡을 것입니다. 질병이 온다면, 그는 그의 자리에 버티고 서서 질병을 받아들이지 않고 거절할 것입니다. 그러나 다른 사람들은 그와 똑같은 시험에 패배할 수 있습니다.

인생의 폭풍으로 패배하지 않는 사람들은 하나님 말씀을 행하는 사람입니다. 패배 당하는 사람들도 실제로 구원을 받았겠지만 아직 그들의 행동이 그들의 믿음과 일치하지 않는 것입니다.

본문에서와 같은 바람과 폭풍이 양쪽 집에 똑같이 불어 닥쳤습니다. 하나는 파괴되고 다른 하나는 파괴되지 않은 이유는 지혜로운 사람은 말씀대로 행하였고, 미련한 자는 행하지 않았기 때문입니다.

많은 사람들이 그리스도를 고백하고 그들이 성경을 창세기부터 요한계시록까지 다 믿는다고 선포하지만 하나님의 말씀대로 행하지는 않습니다. 그들은 단지 말씀에 대해 말하는 자talker일 뿐입니다. 거기에는 큰 차이가 있습니다. '말하는 자'는 하나님 말씀이 진리라고 정신적으로 동의는 했지만, 그들이 그것을 자신들의 것으로 만들지 않았으므로 아무런 유익이 없습니다. 그들은 그 약속 받은 것들을 청구하고 있는 것이 아닙니다.

주님을 신뢰한다는 것은 그분의 말씀을 신뢰하는 것입니다

하나님의 말씀을 당신 자신의 것으로 만드는 방법은 말씀대로 행하는 것입니다. 하나님이 말씀하시는 것들을 하십시오.

"너는 심령을 다하여with all your heart 여호와를 신뢰하고 네 명철을 의지하지 말라"(잠 3:5)

당신이 그의 말씀을 신뢰하지 않으면서 주님을 신뢰할 수는 없습니다. 당신과 당신의 말이 하나인 것과 같이 하나님과 그의 말씀은 하나입니다. 만일 당신이 하는 말이 선하지 않다면 당신도 선하지 않은 것입니다. 만약 하나님의 말씀이 선하지 않다면 하나님도 선하지 않은 것입니다. 그러나 하나님의 말씀은 선하시고 하나님은 그가 하신 말씀을 지키십니다!

"여호와께서 내게 이르시되 네가 잘 보았도다 이는 내가 내 말을 지켜 그대로 이루려 함이니라"(렘 1:12)

다른 번역본에는 "…나는 내 말이 실행되도록 지키겠다"라고 썼습니다.

만일 당신이 말씀을 당신 것으로 만들지 않는다면, 하나님께서는 당신의 삶에 좋은 것을 가져다 주시기 위하여 사용할만한 것이 아무것도 없습니다.

하나님은 말씀 안에 약속한 모든 것들을 당신이 갖길 원하십니다. 그러나 당신이 그의 말씀 위에 행하지 않는다면 하나님은 당신의 인생에 좋은 것을 가져다 주기 위해서 역사할 만한 어느 것도 없는 것입니다.

내가 내 심령을 다하여 말씀을 신뢰할 때, 비로소 사람의 이

성에 의지하는 것을 멈추고 사람을 의지하는 것도 멈추고 내 믿음과 일치하는 행동을 하게 됩니다. 내 행동은 나의 믿음의 고백과 완벽한 교통 안에 있게 됩니다.

이렇게 하는 것이 어떤 사람에게는 긴 시간이 걸리고 또 다른 사람에게는 더 긴 시간이 걸릴 것인데 그것은 그들이 잘못된 길을 걸어 왔기 때문입니다. 그들의 마음은 인간의 이성으로 혼잡해져서, 그들의 행동이 그들의 믿음의 고백과 일치하기까지 그들의 마음을 새롭게 하는 데 어느 정도의 시간이 걸릴 것입니다.

그들의 일치하는 행동들이 있을 때까지 그들의 인생에는 계속적인 실패가 있을 것입니다. 하나님이 내 인생의 힘이라고 고백하면서 한편으로는 내 연약함과 믿음이 적은 것에 대해서 말한다면 일치하는 행동이 없기 때문에 패배할 것입니다.

하나님을 신뢰하는 것 대신에 인간의 방법들을 의지하는 것은 나의 영에 혼란을 가져옵니다. 그것이 내 인생에 연약함과 실패를 가져옵니다. 그럴 때 오직 한 가지 할 일은 하나님의 말씀으로 돌아서서 그대로 행하는 것 뿐입니다.

우리의 최고로 나쁜 적은 육신입니다. 육신과 인간의 이성이 우리의 능력을 제한합니다. 우리는 환경과 여러 가지 문제와 시험들과 폭풍들을 바라보며 "우리는 할 수 없다."고 말합니다. 의심의 말과 육신 그리드 감각은 "나는 할 수 없어. 내게는 그것을 할 만한 능력이나 기회나 힘이 없어"라고 말합니다. 그러나 믿음의 말은 "나는 내게 능력 주시는 자 안에서 모든 것을 할 수 있다"(빌 4:13)고 말합니다.

바울은 그가 사도였고 또 특별한 능력이나 은혜를 받았기 때문에 모든 일을 할 수 있다고 말하지 않았습니다. 그는 '나는 그리스도를 통하여 모든 것을 할 수 있다'고 말했습니다.

바울은 "그런즉 누구든지 그리스도 안에 있으면 새로운 피조물이라 이전 것은 지나갔으니 보라 새것이 되었도다"(고후 5:17)라고 말했습니다. 당신도 그리스도 안에서 새 피조물입니다. 바울이 그리스도에게 속해 있는 것과 같이, 당신도 그리스도 안에 속해 있습니다.

믿음의 말은 "나는 그리스도 안에서 모든 것을 할 수 있습니다. 우리의 하나님 아버지는 우리를 강하게 하십니다. 나는 정복당할 수 없고 나는 패배할 수도 없습니다."라고 말합니다.

자연적인 힘natural force이 당신을 거슬러 다가온다 해도 그것들이 당신을 패배시킬 수 없습니다. 왜냐하면 이 세상에는 당신 안에 있는 성령님을 정복할 만한 자연적 힘natural force이 없기 때문입니다.

"너희 안에 있는 이가 세상에 있는 이보다 크심이니라"(요일 4:4)

당신은 안으로부터 강화되었습니다.

나는 나보다 더 크신 이가 나를 위해 일하시게 하는 법을 배웠습니다. 나는 하나님으로부터 태어났고 그의 사랑에 참여한 자일 뿐 아니라 예수를 죽은 자 가운데서 살리신 이의 영이 내 안에 살고 계십니다.

나는 내 안에 하나님의 지혜와 힘과 능력을 소유하고 있습니다. 나는 하나님의 지혜가 내 지성을 지배하게 하는 법을 배우고 있습니다. 나는 하나님께서 내 마음mind을 지배하셔서 내 입술을 통해 말씀하시도록 허락합니다. 나는 감히 하나님을 좇아 하나님과 같이 생각합니다.

나는 나의 원수 앞에서 "하나님이 나의 능력이시다."라고 감히 말합니다.

"주께서 원수의 목전in the presence of enemy에서 내게 상table을 베푸시고…"(시 23:5)

"주께서 내 생명의 능력이시니 내가 누구를 두려워하리요"(시 27:1)

하나님께서 나를 내 원수보다 더 크게 만드셨습니다. 하나님께서 내가 내 뒤꿈치로 연약함과 두려움과 무능함의 목을 밟도록 하셨습니다.

하나님의 힘은 나의 것입니다. 나는 내 자신의 혼을 의지하지 않습니다. 왜냐하면 성경에서 내 자신이 강해지는 것에 대해 한 마디도 언급하고 있지 않기 때문입니다.

많은 사람들은 허우적거리며 그들 자신이 무엇인가 해보려고 노력합니다. 그들은 간증한다고 일어서서 모든 사람에게 그들이 끝까지 견디게 해달라고 기도를 부탁합니다. 그러나 하나님은 당신이 그와 같이 끝까지 견디는 것을 원하지 않으십니다. 하나님은 당신이 하나님께서 역사할 수 있도록 하기를 원하십니다. 하나님의 약속들로 당신을 감싸십시오!

나는 배낭을 등에 지고 철길을 따라 걸어가고 있는 한 남자의 이야기를 들은 적이 있습니다. 그가 한 무리의 일꾼들이 철길을 고치고 있는 지점에 왔을 때, 그는 십장이 그에게 철길에서 내리라고 명령할 것으로 생각해서 기차표를 그 십장에게 보여주었습니다. 십장은 그에게 기차표가 있어도 철길을 따라 걸어가는 것은 안 된다고 했습니다.

많은 사람들이 바른 행로에 들어와 있을지라도 그들은 걷지 말고 타야만 하는 것입니다. 또한 그들은 그들의 짐을 잘 점검해 보아야 합니다. 왜냐하면 성경은 "그것들을 갖고 다닐 필요가 없다."고 말하기 때문입니다.

"너희 염려를 다 주께 맡기라 이는 그가 너희를 돌보심이라" (벧전 5:7)

기억해야 할 구절

"내 형제들아 만일 사람이 믿음이 있노라 하고 행함이 없으면 무슨 유익이 있으리요 그 믿음이 능히 자기를 구원하겠느냐" (약 2:14)

23

하나님께 당신 자신의
표를 쓰는 법

핵심 진리

만일 우리 자신이 인생의 맨 아래 계단에 있다는 것을 발견한다면 그것은 우리가 믿은 것이 그것뿐이기 때문입니다. 우리가 바로 믿고 말한다면 우리는 맨 꼭대기까지 오를 수 있습니다.

이번 과에서 나누는 믿음의 네 단계는 너무나 간단해서 바보스러워 보이기까지 합니다. 그러나 예수님은 이 땅 위에서 사역하실 때 교육을 받지 못한 사람들도 이해할 수 있도록 말씀하셨습니다. 주님은 포도원과 과수원에 대하여 말씀하셨고 양무리와 목자에 대하여 이야기하셨습니다. 주님은 영적 진리들을 보통 사람들도 이해할 수 있을 만큼 간단한 방법으로 설명하셨습니다. 주님의 메시지는 분명하고 정확했으며 결코 복잡하지 않았습니다.

이에 그와 함께 가실새 큰 무리가 따라가며 에워싸 밀더라 열두 해를 혈루증으로 앓아온 한 여자가 있어 많은 의사에게 많은 괴로움을 받았고 가진 것도 다 허비하였으되 아무 효험이 없고 도리어 더 중하여졌던 차에 예수의 소문을 듣고 무리 가운데 끼어 뒤로 와서 그의 옷에 손을 대니 이는 내가 그의 옷에만 손을 대어도 구원을 받으리라 생각함일러라 이에 그의 혈루 근원이 곧 마르매 병이 나은 줄을 몸에 깨달으니라 예수께서 그 능력이 자기에게서 나간 줄을 곧 스스로 아시고 무리 가운데서 돌이켜 말씀하시되 누가 내 옷에 손을 대었느냐 하시니 제자들이 여짜오되 무리가 에워싸 미는 것을 보시며 누가 내게 손을 대었느냐 물으시나이까 하되 예수께서 이 일 행한 여자를 보려고 둘러 보시니 여자가 자기에게 이루어진 일을 알고 두려워하여 떨며 와서 그 앞에 엎드려 모든 사실을 여쭈니 예수께서 이르시되 딸아 네 믿음이 너를 구원하였으니 평안히 가라 네 병에서 놓여 건강할지어다

막 5:24-34

1단계 : 그것을 말하십시오

이 여인이 가장 먼저 한 것이 무엇입니까? 28절에 "내가 그의 옷에만 손을 대어도 온전해지리라"고 말했습니다.

누군가가 이 여인에게 예수님에 대하여 이야기했습니다. 그녀는 예수님이 사람들의 병을 고치고 있다는 것을 알았습니다. 이러한 정보를 가지고 그녀가 병고침을 받기 위하여 첫 번째 단계로 한 일은 무엇입니까? 그녀가 맨 먼저 한 일은 그것을 말하는 것이었습니다.

모든 전쟁과 모든 승리, 그리고 우리가 하나님으로부터 받는 어떤 것에도 하나님이 해야 할 일이 있고 사람이 해야 할 일이 있습니다. 우리는 우리가 해야 할 일이 있는 것입니다. 우리가 해야만 하는 일이 있습니다. 하나님은 실패하시지 않습니다. 만일 어떤 실패가 있었다면 그것은 우리 쪽에 문제가 있는 것입니다.

어쨌든 우리가 해야 할 일을 한다면 우리에게는 응답과 승리가 있을 것을 확신할 수 있습니다.

이 여인은 부정적인 고백을 할 수도 있었을 것이고, 그녀가 말한 대로 되었을 수도 있었습니다. 그녀가 오랫동안 많은 의사들을 거쳤기 때문에 다 소용없는 일이라고 말했을 수도 있습니다. 그녀는 차라리 죽는 것이 낫겠다고 말했을 수도 있습니다.

그러나 그녀는 부정적으로 말하지 않고 긍정적으로 말했던 것입니다. 그녀는 "내가 그의 옷에만 손을 대어도 온전해 지리라"고 말했습니다. 그리고 그대로 된 것입니다. 우리는 우리가 말한 대로 되기 때문입니다.

그러므로 하나님께 우리 자신의 표를 쓰는 첫 단계는 '그것을 말하는 것' 입니다. 만일 우리가 패배했다면 우리 자신의 입술로 말미암아 패배한 것입니다. "네 입의 말로 네가 얽혔으며 네 입의 말로 인하여 잡히게 되었느니라"(잠 6:2)

2단계 : 그것을 행하십시오

"그의 옷에만 손을 대어도 내가 온전해 지리라"고 그녀가 말했더라도 그대로 행동하지 않았다면 그녀에게 어떤 좋은 일도 일어나지 않았을 것입니다.

우리의 행동이 우리를 패배시키기도 하고, 우리가 능히 감당하게 하기도 합니다. 우리의 행동에 따라 우리는 응답을 받기도 하고 응답을 받지 못하게도 됩니다. 혈루병 앓는 여인은 그것을 말했고 그리고 그대로 행동했습니다. 그녀는 예수님의 옷자락을 만졌습니다!

3단계 : 그것을 받으십시오

맨 먼저 여인은 그것을 말했습니다. 그녀의 믿음을 고백한 것입니다. 그리고는 손을 내밀어 주님을 만지는 행동을 했습니다. 세 번째 단계는 그녀가 병고침을 받은 것입니다. 그녀는 치유받았다는 것을 몸으로 느꼈습니다.

느낌과 치유는 말하고 행동한 뒤에 따라온다는 것을 주목하십시오. 대부분의 사람들은 느낌과 치유가 먼저 오기를 원하며 그 후에 말하고 행하려고 합니다. 그러나 그것은 그런 식으로 역사하는 것이 아닙니다. 당신이 먼저 말하고 행동해야만 합니다. 그러면 당신은 느낌과 치유를 갖게 됩니다.

예수님은 능력이 그로부터 빠져 나가는 것을 알아 채셨습니다. 방사선의 능력은 보이지도 않고 느낄 수도 없지만 그것은 치명적이고 위험하므로 방사선 물질이 공중에 퍼지는 것 때문에 전 세계가 원자탄에 대하여 걱정하게 되었습니다. 이 세상에는 치명적이지도 않고, 위험하지도 않은, 보이지 않는 능력이 역사하고 있습니다

그 능력은 항상 어느 곳에나 존재합니다. 그 능력은 우리가 묶여 있는 어떤 것이나 우리를 해치는 어떤 것으로부터 우리를 해방시켜 줍니다. 그것은 하나님의 능력입니다.

4단계 : 그것에 대하여 말하십시오

33절은 우리에게 혈루병 앓던 여인이 그녀에게 무슨 일이 일어났는지 알았다고 말합니다. 그녀는 "모든 사실을 예수님께" 말했습니다. 예수님은 다른 사람들도 받을 수 있도록 우리가 그것을 말하기를 원하십니다.

우리의 표를 쓰는 첫 단계는 "그것을 말하라Say it"이고, 네 번째 단계는 "그것에 대하여 말하라Tell it"입니다. 이 두 가지에는 차이가 있습니다. 맨 먼저 그 여인은 그녀가 믿는 것을 말했고, 그 다음에 그녀는 무슨 일이 일어났는지에 대해 말한 것입니다.

우리는 하나님으로부터 그것들을 받기 전에 믿음으로 말해야만 합니다. 사람들은 그들이 잘못된 것을 믿으므로 잘못된 것을 말합니다. 우리가 바르게 믿고 말하기 시작 할 때에 그것을 갖게 되는 것입니다.

다윗이 블레셋 사람에게 이르되 너는 칼과 창과 단창으로 내게 오거니와 나는 만군의 여호와의 이름 곧 네가 모욕하는 이스라엘 군대의 하나님의 이름으로 네게 나아가노라 오늘 여호와께서 너를 내 손에 넘기시리니 내가 너를 쳐서 네 목을 베고 블레셋 군대의 시체를 오늘 공중의 새와 땅의 들짐승에게 주어 온 땅으로 이스라엘에 하나님이 계신 줄 알게 하겠고 또 여호와의 구원하심이 칼과 창에 있지 아니함을 이 무리에게 알게 하리라 전쟁은 여호와께 속한 것인즉 그가 너희를 우리 손에 넘기시리라 … 손을 주머니에 넣어 돌을 가지고 물매로 던져 블레셋 사람의 이마를 치매 돌이 그 이마에 박히니 땅에 엎드러지니라 다윗이 이같이 물매와 돌로 블레셋 사람을 이기고 그를 쳐죽였으나 자기 손에는 칼이 없었더라 … 다윗은 그 블레셋 사람의 머리를 예루살렘으로 가져가고 갑주는 자기 장막에 두니라 삼상 17:45-47, 49-50, 54

다윗이 거인을 목동의 물매로 던져 죽일 때, 그는 하나님께 그 자신의 표를 사는 방법을 알았습니다. 그는 하나님께서 모든 것을 말씀 그대로 역사하실 것을 알았습니다. 위의 구절들에서 우리는 다윗이 하나님께 그 자신의 표를 쓰기 위해 이 네 단계를 어떻게 사용했는지 볼 수 있습니다.

맨 먼저 그는 말했습니다. "오늘 여호와께서 너를 내 손에 넘기시리니…"(46절) 다윗은 그의 능력이 아니라 하나님의 힘으로 그 일을 할 수 있다는 믿음이 있었습니다. 다윗은 자신에게는 블레셋 사람을 대적할 만한 능력이 없다는 것을 알았습니다.

그는 자신의 힘을 의지하지 않고 주님을 의지했습니다.

그 후에 다윗은 그의 말씀대로 행동했습니다. "손을 주머니에 넣어 돌을 취하여 물매로 던져 블레셋 사람의 이마를 치매 돌이 그 이마에 박히니 땅에 엎드러지니라"(49절)

만일 다윗이 그의 자연적 감각을 따랐더라면, 인간의 이성에 귀기울였더라면 그는 목동의 물매로 거인을 죽인다는 것이 불가능한 일이라는 것을 알았을 것입니다. 그러나 그는 인간의 이성으로부터 오는 외적 음성이 아닌 믿음의 내적 음성에 귀기울였고 승리는 그의 것이 되었습니다. 그는 블레셋 적군들을 이기고 이스라엘에 승리를 안겨 주었습니다(이것이 세 번째 단계입니다).

그 다음, 다윗은 네 번째 단계를 밟았습니다. 대 승리의 소식은 그 나라 전체에 공표되었습니다. "다윗은 그 블레셋 사람의 머리를 가져가고…"(54절)

너무나 소수의 사람들만이 하나님께 자신들의 표를 쓸 수 있다는 사실을 알고 있습니다.

하나님께서 그들을 위해 그 이상으로 역사하실 수 없었던 이유는 그들이 더 말하지 않았고, 더 행동하지 않았기 때문입니다. 그들이 오늘 가지고 있는 모든 것들은 그들이 어제 말한 것의 결과입니다.

만일 당신이 사닥다리의 가장 밑바닥에 있다면 그것이 당신이 믿은 것의 전부였기 때문입니다. 당신이 바르게 말하고 바르게 믿는다면, 당신은 사닥다리 꼭대기까지 오를 것입니다.

구원받지 못한 사람도 하나님께 자신의 표를 쓰기 위해 이 네 단계들을 사용할 수 있을까요? 불신자가 구원을 얻기 위하여 이 네 가지 단계를 밟을 수 있을까요?

다음 구절이 그렇게 할 수 있다는 것을 증거합니다.

> 내가 일어나 아버지께 가서 이르기를 아버지 내가 하늘과 아버지께 죄를 지었사오니 지금부터는 아버지의 아들이라 일컬음을 감당하지 못하겠나이다 나를 품꾼의 하나로 보소서 하리라 하고 이에 일어나서 아버지께로 돌아가니라 아직도 거리가 먼 데 아버지가 그를 보고 측은히 여겨 달려가 목을 안고 입을 맞추니 … 내 아들은 죽었다가 다시 살아났으며 내가 잃었다가 다시 얻었노라 하니 그들이 즐거워하더라
>
> 눅 15:18-20, 24

이 이야기에서 예수님은 탕자에 대해 말씀하셨는데 우리는 그 탕자가 제일 먼저 한 것이 '말하는 것'임을 알 수 있습니다. "내가 일어나 아버지께로 가서 말하리라"(18절) 그는 그의 믿음과 필요를 고백했습니다. 그 다음에 그는 행동했습니다. "이에

일어나서 아버지께로 돌아가니라"(20절) 그는 죄 많은 인생의 더러움으로부터 떨치고 일어나 집으로 돌아갔습니다.

그가 그렇게 하였을 때, 그는 온전한 용서를 받고 그의 아버지와 모든 것이 회복되었던 것입니다. "아직도 거리가 먼데 아버지가 그를 보고 측은히 여겨 달려가 그를 안고 목을 안고 입을 맞추니…"(20절) 기쁨에 찬 아버지는 그의 방황하던 아들이 집으로 돌아왔다는 좋은 소식을 재빨리 말했습니다. "내 아들은 죽었다가 다시 살아났으며 내가 잃었다가 다시 얻었노라"(24절)

하나님 아버지로부터 떠난 사람들이 구원을 얻기 위하여 그들 자신을 탕자와 같이 낮추고 이 네 가지의 간단한 단계들을 밟는다면, 하나님은 달려와서 그들을 만날 것이며 하나님은 그들과의 모든 관계를 온전하게 회복해 주실 것입니다.

기억해야 할 구절

"예수께서 이르시되 딸아 네 믿음이 너를 구원하였으니 평안히 가라 네 병에서 놓여 건강할지어다"(막 5:34)

24

의심, 하나님의 더 큰 축복을 도둑질하는 자

핵심 진리

의심은 믿는 자의 삶에 주신 하나님의 최고 축복을 도둑질합니다.

오늘은 우리에게 익숙한 성경 이야기 안에서 의심에 대한 실례를 집중적으로 찾아보겠습니다.

물 위를 걷는 믿음

예수께서 즉시 제자들을 재촉하사 자기가 무리를 보내는 동안에 배를 타고 앞서 건너편으로 가게 하시고 무리를 보내신 후에 기도하러 따로 산에 올라가시니라 저물매 거기 혼자 계시더니 배가 이미 육지에서 수 리나 떠나서 바람이 거스르므로 물결로 말미암아 고난을 당하더라 밤 사경에 예수께서 바다 위로 걸어서 제자들에게 오시니 제자들이 그가 바다 위로 걸어 오심을 보고 놀라 유령이라 하며 무서워하여 소리지르거늘 예수께서 즉시 이르시되 안심하라 나니 두려워하지 말라 베드로가 대답하여 이르되 주여 만일 주시어든 나를 명하사 물 위로 오라 하소서 하니 오라 하시니 베드로가 배에서 내려 물 위로 걸어서 예수께로 가되 바람을 보고 무서워 빠져 가는지라 소리 질러 이르되 주여 나를 구원하소서 하니 예수께서 즉시 손을 내밀어 그를 붙잡으시며 이르시되 믿음이 작은 자여 왜 의심하였느냐 하시고 마 14:22-31

이 이야기에서 예수님은 기도하러 산으로 혼자 가실 동안에 제자들을 바다 건너편으로 보내셨습니다.

밤 사경에(새벽 3시부터 6시경), 제자들은 예수님께서 그들을 향하여 물 위로 걸어오고 있는 것을 보았습니다. 그들은 유령을 보고 있다고 생각하면서 무서워 소리질렀습니다. 예수님은 그들을 안심시키며 말씀하셨습니다.

"나니 두려워하지 말라."

성급한 베드로가 소리질렀습니다.

"주님, 만일 주님이시거든 나를 명하사 물 위로 오라 하소서."

예수님은 한 단어로 대답하셨습니다.

"오라."

베드로는 믿음으로 시작하였고 그가 예수님을 바라보고 있는 동안은 문제가 없었습니다. 그러나 그가 눈을 예수님으로부터 떼어 그를 둘러싸고 있는 환경을 바라보았을 때, 바람이 그 주변의 바다를 세차게 내려치는 것을 보며 그는 무서워 빠져가기 시작했습니다.

"주님, 구해주세요!"

그는 소리질렀습니다.

예수님이 베드로의 손을 잡고 그를 배 안으로 되돌아가게 인도하시며 몇 마디의 말로 그를 나무라셨습니다.

"오, 믿음이 적은 자여, 왜 의심하였느냐?"

믿음은 하나님의 말씀대로 행하는 것입니다. 베드로가 예수님께서 하신 말씀 대로 행하는 것을 그만두었을 때 그는 가라앉기 시작했습니다. 예수님이 베드로를 가라앉도록 의도하신 것이 아닙니다. 예수님은 베드로가 그분과 함께 배로 다시 걸어 돌아가길 원하셨습니다. 의심은 베드로의 이런 축복을 빼앗아간 것입니다. 의심과 두려움은 함께 가지만 믿음과 사랑도 함께 갑니다.

"온전한 사랑이 두려움을 내어쫓느니라"(요일 4:18)

마귀를 쫓아내는 믿음

그들이 무리에게 이르매 한 사람이 예수께 와서 꿇어 엎드리어 이르되 주여 내 아들을 불쌍히 여기소서 그가 간질로 심히 고생하여 자주 불에도 넘어지며 물에도 넘어지는지라 내가 주의 제자들에게 데리고 왔으나 능히 고치지 못하더이다 예수께서 대답하여 이르시되 믿음이 없고 패역한 세대여 내가 얼마나 너희와 함께 있으며 얼마나 너희에게 참으리요 그를 이리로 데려오라 하시니라 이에 예수께서 꾸짖으시니 귀신이 나가고 아이가 그 때부터 나으니라 이 때에 제자들이 조용히 예수께 나아와 이르되 우리는 어찌하여 쫓아내지 못하였나이까 이르시되 너희 믿음이 작은 까닭이니라 진실로 너희에게 이르노니 만일 너희에게 믿음이 겨자씨 한 알만큼만 있어도 이 산을 명하여 여기서 저기로 옮겨지라 하면 옮겨질 것이요 또 너희가 못할 것이 없으리라   마 17:14-20

위의 구절에서 제자들이 귀신들린 아이를 치유하지 못한 것에 대해 예수님은 무엇이라고 설명하셨습니까? 그것은 그들의 의심이나 불신앙 때문이었습니다(20절). 그러나 제자들은 귀신을 쫓아낼 만한 능력을 사실상 가지고 있었습니까? 그렇습니다.

마태복음 10장 1절에 의하면 "예수께서 그 열두 제자를 부르사 더러운 귀신을 쫓아내며 모든 병과 모든 약한 것을 고치는 권능을 주시니라"고 했습니다.

우리는 종종 그리스도인들이 하나님을 위하여 더 많은 일을 하려면 더 큰 능력이 필요하다고 말하는 것을 듣곤 합니다. 그러나 그것은 전혀 그들의 문제가 아닙니다! 그들이 성령님을 가지고 있다면 그들은 능력이 있는 것입니다. 그들은 만일 더 큰 능력이 있다면 그것이 자동적으로 역사할 것이라고 믿지만 그 능력은 믿음으로 말미암아 역사합니다. 문제는 능력이 적은 것이 문제가 아니고 믿음이 적은 것입니다!

사람들로부터 하나님의 최고 축복을 빼앗아 가는 것은 바로 '의심' 입니다 예수님은 제자들이 귀신을 쫓아내는데 실패한 이유가 그들이 능력이 없어서라고 말씀하지 않으셨고, 그들의 불신앙 때문이라고 말씀하셨습니다.

귀신들을 쫓아내는데 얼마나 큰 믿음이 필요할까요? 예수님은 위의 성경 구절에서 겨자씨 만한 믿음이 산 전체를 움직일 수 있다고 말씀하셨습니다.

모든 성령 충만을 받은 신자는 그들의 삶에 있어 하나님의 최고를 얻을만한 충분한 능력을 그들 안에 가지고 있습니다! 만일 그가 하나님이 주신 특권을 누리지 못하고 산다면 그것은 능력이 부족해서가 아니고 믿음을 통하여 그 능력을 풀어놓는 데 실패하기 때문입니다.

폭풍을 잠잠케 하는 믿음

그 날 저물 때에 제자들에게 이르시되 우리가 저편으로 건너가자 하시니 그들이 무리를 떠나 예수를 배에 계신 그대로 모시고 가매 다른 배들도 함께 하더니 큰 광풍이 일어나며 물결이 배에 부딪혀 들어와 배에 가득하게 되었더라 예수께서는 고물에서 베개를 베고 주무시더니 제자들이 깨우며 이르되 선생님이여 우리의 죽게 된 것을 돌보지 아니하시나이까 하니 예수께서 깨어 바람을 꾸짖으시며 바다더러 이르시되 잠잠하라 고요하라 하시니 바람이 그치고 아주 잔잔하여지더라 이에 제자들에게 이르시되 어찌하여 이렇게 무서워하느냐 너희가 어찌 믿음이 없느냐 하시니   막 4:35-40

하루종일 말씀을 전파하신 어느 날 저녁 예수님은 배 안에 예수님을 둘러싸고 있는 그의 제자들에게 "건너편으로 건너가자"고 말씀하셨습니다. 예수님은 피곤하셨고 폭풍이 일어나는 것도 모르시고 즉시 깊은 잠에 빠지셨습니다. 예수님은 물결이 배를 세게 때림에도 불구하고 평온하게 계속 주무셨습니다. 그러나 그의 제자들은 도저히 평화로울 수 없었습니다. 윙윙거리던 바람이 점점 더 커져서 그 배가 물로 찼을 때, 제자들은 예수님을 깨우며 말했습니다.

"배가 가라앉으려고 하고 우리가 죽게 된 것을 돌보지 않으십니까?"

그들은 떠날 때 예수님이 하신 말씀을 잊어버렸습니다.

예수님은 일어나셔서 바람을 꾸짖으셨고 폭풍은 잠잠해졌습니다.

"너희는 왜 나를 의심하느냐? 왜 두려움으로 가득 찼느냐? 너희의 믿음이 어디 있느냐? 우리가 떠날 때에 '우리가 건너편으로 가자'고 내가 말하지 않았느냐? 너희는 왜 나를 믿지 않느냐?"

제자들은 그들이 건너편으로 안전하게 건너갈 것을 말씀하신 예수님의 약속을 몰아내고 의심과 두려움이 그들의 심령 안으로 들어오도록 허락하였습니다. 의심이란 도둑이 다시 한번 더 승리한 것입니다.

이런 세 번의 성경 예화들 안에 유사점을 주목합시다.

각각 예수님은 제자들의 믿음 없음을 꾸짖으셨습니다(마 14:31; 마 17:20; 막 4:40). 그리고 각각의 예화 안에서 예수님은 제자들에게 믿음 없음이 실패의 원인이라고 가르쳐 주셨습니다.

세 번 모두 제자들은 환경을 다스릴 만한 능력을 소유하고 있었습니다.

각각의 대화 안에서 의심이란 도둑은 하나님이 제자들에게 주신 최고를 받지 못하도록 했습니다. 하나님의 최고이자 최상의 것은 믿음으로 받게 되어 있습니다.

우리도 우리 안에 있는 그 능력을 이용하고 하나님의 말씀 위에 행한다면, 우리의 삶을 위하여 하나님이 계획하신 축복들을 성취하게 됩니다.

기억해야 할 구절

"내가 진실로 너희에게 이르노니 누구든지 이 산더러 들리어 바다에 던져지라 하며 그 말하는 것이 이루어질 줄 믿고 마음에 의심하지 아니하면 그대로 되리라"(막 11:23)

25
당신은 당신이 말한 것들을 가질 수 있습니다

핵심 진리

이스라엘 사람들을 가나안 땅에 들어가지 못하도록 한 것은 가나안 땅에 사는 거인들이 아니고 그들의 심령 안에 있는 거인에 대한 두려움이었습니다.

이번 과의 본문 말씀인 마가복음 11장 23절은 믿음에 관한 가르침에 빈번하게 사용되는 구절인데, 그 이유는 그 구절 안에 우리의 삶에 있는 어떤 종류의 산들도 옮길 수 있는 '믿음의 공식faith formula'이 들어 있기 때문인 것을 알 수 있습니다.

당신의 독특한 산이 병이든, 구원받지 못한 자녀이든, 재정적인 어려움이든 또는 가족 관계의 문제들이든, 당신은 이 성경 구절에서 해결책을 발견할 수 있습니다.

내가 진실로 너희에게 이르노니 누구든지 이 산더러 들리어 바다에 던져지라 하며 그 말하는 것이 이루어질 줄 믿고 마음에 의심치 아니하면 그대로 되리라   막 11:23

마지막 문장은 '그가 말한 무엇이든지 받으리라he shall have whatsoever he saith'고 말합니다. 바꾸어 말하면 당신이 가질 수 있다고 말한 것은 무엇이든지 얻는다는 것입니다. 당신이 말하는 것은 당신의 믿음이 말하는 것입니다. 그러나 이런 것들은 우리가 구약에 나와 있는 가나안을 정탐하러간 열 두 정탐꾼의 이야기에서 볼 수 있듯이 긍정적인 방법뿐 아니라 부정적인 방법으로도 역사합니다.

두려움의 보고

모세가 가나안 땅을 정탐하러 그들을 보내며 이르되 너희는 네 겝 길로 행하여 산지로 올라가서 그 땅이 어떠한지 탐지하라 곧 그 땅 거주민이 강한지 약한지 많은지 적은지와 … 사십 일 동안 땅 정탐하기를 마치고 돌아와 … 모세에게 말하여 이르되 당신이 우리를 보낸 땅에 간즉 과연 그 땅에 젖과 꿀이 흐르는데 이것은 그 땅의 과일이니이다 그러나 그 땅 거주민은 강하고 성읍은 견고하고 심히 클 뿐 아니라 거기서 아낙 자손을 보았으며 … 갈렙이 모세 앞에서 조용하게 하고 이르되 우리가 곧 올라가서 그 땅을 취하자 능히 이기리라 하나 그와 함께 올라갔던 사람들은 이르되 우리는 능히 올라가서 그 백성을 치지 못하리라 그들은 우리보다 강하니라 하고 이스라엘 자손 앞에서 그 정탐한 땅을 악평하여 이르되 우리가 두루 다니며 정탐한 땅은 그 거주민을 삼키는 땅이요 거기서 본 모든 백성은 신장이 장대한 자들이며   민 13:17-18, 25, 27-28, 30-32

가나안 땅을 정탐하러 간 열두 정탐꾼 중 오직 두 사람, 갈렙과 여호수아만이 믿음과 꿈의 사람이었습니다. 그들은 "즉시 올라가서 그 땅을 차지하자 우리가 능히 이기리라"고 말했습니다.

나머지 열 명은 그 땅 거민에 대한 부정적인 두려움의 보고를 가지고 돌아왔습니다. 성경은 그들의 보고를 "악한 보고evil report"라고 부릅니다. 왜일까요? 그것은 의심과 두려움의 보고

였기 때문입니다. 그렇다면 '좋은 보고good report'는 무엇이었을까요? 그것은 바로 믿음의 보고faith report입니다.

열 명의 정탐꾼이 다수였으므로 이스라엘 사람들은 대다수의 보고를 받아들였습니다. 그들은 그 땅을 취할 수 없다고 말했고, 정확히 그들이 말한 대로 되었습니다.

이 열 명의 정탐꾼들과 나머지 이스라엘 후손들은 여호수아와 갈렙을 제외하고는 약속의 땅을 결코 볼 수 없었습니다. 그들은 죽을 때까지 광야에서 방황하였습니다. 그들이 말한 대로 된 것입니다.

그들이 한 것들은 믿음의 예에 반대되는 실례입니다. 아무튼 당신이 의심할 때도 당신은 무엇인가를 믿고 있습니다! 당신은 패배를 믿고 있습니다. 당신은 잘못된 것을 믿고 있는 것입니다.

당신은 항상 당신의 삶에서 당신이 믿는 것과 말하는 것을 얻게 됩니다. 만일 당신이 말하고 있는 것이 당신이 믿는 것이 아니라면 당신은 그것을 말해서는 안됩니다. 왜냐하면 당신이 어떤 것을 일정기간 자꾸 말하면 결국 그 말들이 당신의 영에 새겨지게 됩니다. 그것들이 당신의 영에 새겨지면 그것들이 당신의 삶을 지배하게 될 것입니다.

믿음의 보고

그 땅을 정탐한 자 중 눈의 아들 여호수아와 여분네의 아들 갈 렙이 자기들의 옷을 찢고 이스라엘 자손의 온 회중에 말하며 이르되 우리가 두루 다니며 정탐한 땅은 심히 아름다운 땅이라 여호와께서 우리를 기뻐하시면 우리를 그 땅으로 인도하여 들이시고 그 땅을 우리에게 주시리라 이는 과연 젖과 꿀이 흐르는 땅이니라 다만 여호와를 거역하지는 말라 또 그 땅 백성을 두려워하지 말라 그들은 우리의 먹이라 그들의 보호자는 그들에게서 떠났고 여호와는 우리와 함께 하시느니라 그들을 두려워하지 말라 하나 민 14:6-9

여호수아와 갈렙의 선한 보고에 주목하십시오. 그들은 주님을 신뢰했고, 그들의 심령은 하나님께서 그들을 그들의 조상에게 약속하셨던 땅으로 인도하시리라는 믿음으로 꽉 차 있었습니다. 9절에서 그들은 두려워하지 말라고 두 번이나 권면합니다. 그들이 말한 믿음의 보고의 결과는 무엇이었습니까? 그들은 그들의 세대 중에서 약속의 땅으로 들어간 단 두 사람이었습니다! 당신은 당신이 말한 것을 얻게 됩니다.

많은 사람들은 왜 그들이 치유받지 못했는지 나에게 묻습니다.

나는 항상 미소를 지으며 그들이 이미 치유받을 수 없다고 자신들에게 말했다는 것을 알려줍니다. 그들의 말이 그들을 치유로부터 멀어지게 합니다. 당신은 사람들이 무엇을 말하는지를 보고 그들의 위치를 알아낼 수 있습니다.

사람들을 위해서 기도를 해 주기 전에 나는 통상적으로 그들에게 어떤 믿음의 고백을 하게 하려고 애씁니다. 나는 그들에게 손을 얹고 기도하면서 치유받을 것을 믿느냐고 물어봅니다. 만일 그들이 낫게 될 것을 소망한다고 말하면, 나는 그들에게 믿음 안에 있지 않고, 소망 안에 있기 때문에 치유받을 수 없는 것이라고 말했습니다.

또 어떤 사람들은 주저하면서 고백합니다. 그리고 그 망설임이 그들을 패배시킵니다(이것이 바로 "작은 여우가 포도원을 망치는 것"입니다). 믿음에 가득 차서 재빨리 고백하는 사람들은 거의 즉각적으로 치유받습니다.

하나님의 자녀들을 치유받지 못하게 하는 것은 어떤 큰 것들이 아닙니다. 이스라엘 자손들이 가나안 땅에 들어가지 못하도록 한 것은 그 땅의 거주민들이 아니었습니다. 만일 그들을 패배시킨 것이 거주민들이었다면 그들은 여호수아와 갈렙도 패배시켰을 것입니다. 이스라엘 자손들이 자신들의 잘못된 생각과 불신앙을 선언함으로 말미암아 그들 자신을 패배시킨 것입니다.

당신의 삶에 있어서 당신을 패배시키는 것은 거인들이 아닙니다. 당신을 패배시키는 것은 삶 가운데 있는 폭풍이 아닙니다. 만일 당신이 패배하였다면 당신이 당신 자신을 패배시켰기 때문입니다. 당신이 잘못된 생각과 잘못된 믿음과 잘못된 말로 당신 자신을 패배시킨 것입니다. 당신은 당신이 말한 것을 가지게 되는 것입니다.

갈렙과 여호수아는 그들이 거주민을 이길 수 있다고 말했습니다. 그래서 광야에서 40년간을 방황한 후 열 명의 정탐꾼의 악한 보고를 받아들였던 그 세대들이 모두 죽은 후, 여호수아는 사람들의 인도자가 되었습니다. 여호수아와 갈렙은 그들을 승리로 이끌었던 것입니다.

갈렙이 여호수아에게 와서 "이 산지를 내게 주시오"라고 말할 때, 여호수아는 지난 세월들을 뒤돌아보며 그들의 바른 말이 그들을 승리하게 만들었던 것을 깨달았습니다. 갈렙을 진단하려고 그는 갈렙에게 그 산지를 취할 수 있겠느냐고 물었습니다 (여호수아는 갈렙의 믿음의 고백을 듣기를 원했던 것입니다). 그는 갈렙에게 산지에 거민들이 있다고 말했습니다. 그러나 갈렙은 믿음에 가득 차서 산지를 넉넉히 취할 수 있다고 말했고 그는 그것을 취했던 것입니다.

실제로 우리가 어떤 일이 일어날 것이라고 기대하고 있기 때문에 많은 일들이 일어납니다. 우리가 그 일들이 일어날 때까지 그것을 믿고 말하기 때문에 그 일들이 일어나는 것입니다. 나는 이 진리를 직접적인 체험으로 발견했습니다.

얼마 전 나는 사람이 나이가 들면서 뇌에 있는 동맥이 젊었을 때와 같이 부드럽지 않고 점점 굳어진다는 이야기를 읽었습니다. 나는 예전에 기억하던 것 같이 기억할 수 없는 상태에 도달해 갔습니다. 이런 상태는 내가 꼭 그래야 할 이유가 없다고 깨달을 때까지 얼마 동안 지속되었습니다. 마음은 내 속 사람인 영의 일부이고 늙지 않습니다. 제가 바로 믿고 바로 말하기 시작하던 그 순간부터 나는 내가 알았던 모든 성경 구절들을 인용할 수 있었고 나의 기억력은 사실상 더 좋아졌습니다.

때로 우리는 실패할 준비가 되어 있어서 실패합니다. 우리는 실패할 것을 준비합니다. 우리는 실패할 것을 생각하고, 믿고 그리고 실패합니다. 신자로서 우리는 실패를 말하거나 의심하는 일과는 상관이 없어야 합니다. 우리는 믿음을 말해야 합니다.

기억해야 할 구절

"내가 진실로 너희에게 이르노니 누구든지 이 산더러 들리어 바다에 던져지라 하며 그 말하는 것이 이루어질 줄 믿고 마음에 의심하지 아니하면 그대로 되리라"(막 11:23)

26

인간의 영을 어떻게 훈련하는가?

핵심 진리

하나님께서 우리를 인도하시기 위하여 우리 자신의 영을 사용하십니다.

인간의 마음이 지적으로 훈련될 수 있는 것과 같이 인간의 영도 영적으로 훈련될 수 있습니다. 우리의 몸이 세워질 수 있는 것과 똑같이 우리의 영도 세워질 수 있습니다.

이번 과에서 우리는 영적으로 훈련 받는 네 가지 방법에 대해서 보겠습니다.

(1) 하나님의 말씀을 묵상하기

(2) 하나님의 말씀을 실천하기

(3) 하나님의 말씀을 최우선에 두기

(4) 우리의 영의 소리에 즉시 순종하기

　우리가 이 네 가지 원리들을 매일 우리의 삶에 적용할 때 우리는 삶의 사소한 일 속에서도 하나님의 뜻을 알게 됩니다.

　하나님께서는 우리의 이성적 능력과 교통하시는 것이 아니고 우리의 영과 교통하십니다. 우리가 즉시 우리의 영에게 순종할 때 우리는 성령님께 순종하고 있음을 발견하게 될 것입니다. 하나님의 말씀 가운데 "사람의 영spirit은 여호와의 등불이라 사람의 깊은 속을 살피느니라"(잠 20:27)고 말씀하셨습니다. 이것은 하나님께서 우리를 인도하시기 위하여 우리 자신의 영을 사용하실 것이라는 의미입니다. 사람의 영은 여호와의 등불입니다.

첫 번째 법칙 : 하나님의 말씀을 묵상하기

이 율법책을 네 입에서 떠나지 말게 하며 주야로 그것을 묵상하여 그 안에 기록된 대로 다 지켜 행하라 그리하면 네 길이 평탄하게 될 것이며 네가 형통하리라　　　　　수 1:8

모세가 죽은 후 하나님께서 여호수아에게 이스라엘 백성들을 인도하도록 기름 부으실 때 하나님은 그에게 하나님 말씀을 묵상하는 것의 중요성을 시초로 말씀하셨습니다.

여호수아 1장 8절의 다른 번역본은 "네가 인생의 모든 일을 지혜롭게 다룰 수 있을 것이다"라고 말합니다. 우리가 인생의 일들을 지혜롭게 다루지 못한다면 물론 우리는 성공할 수 없습니다. 하나님은 여호수아에게 말씀을 묵상하면 하나님께서 그의 길을 평탄하게 할 것이고 그는 형통하게 될 것이라고 말씀하셨습니다.

내가 아는 대부분의 영적으로 깊은 사람들은 묵상에 많은 시간을 드리는 그런 사람들이었습니다. 사람이 하나님의 말씀을 묵상하지 않고서는 영적 지혜를 발전시킬 수 없습니다.

한 번은 어떤 목사님이 그의 교회를 성공시키려고 애쓰고 있다고 내게 말했습니다. 그는 비행기를 타고 전국을 날아다니며 많은 큰 교회를 방문하여 그들의 성공 방법을 배우며, 그들을 성공시키고 있는 것이 무엇인가를 발견하려고 노력하고 있었습니다. 프로그램과 아이디어들을 그의 교회에 가지고 왔지만 그것들은 별 효과가 없는 듯 했습니다.

내가 하나님의 말씀을 묵상하는 법에 대해 가르치는 것을 들은 후 그는 묵상을 하기로 결정했습니다. 하나님께 무엇을 구하기 전에 그는 매일 일정한 시간 동안 말씀을 묵상하기 위해 시간을 따로 정하였습니다.

30일이 지난 후, 그가 주일 설교를 마칠 때에 많은 수의 영혼들이 강단 앞으로 나왔습니다. 지난 2년 동안 그 교회에서 구원받았던 모든 영혼보다 더 많은 사람들이 그 한 번의 예배에서 구원받은 것입니다. 사람들은 되살아났고 그 목사님은 성공하게 된 것입니다.

그의 간증은 어떤 신자라도 그와 같이 하나님의 말씀을 묵상하는데 시간을 보낼 수 있다는 것을 의미합니다. 세상으로부터 문을 닫으십시오. 만일 당신이 무엇인가 가치 있는 것을 할 야망이 있다면 나는 하루에 10~15분 정도 묵상하는 것을 시작해 보라고 제안합니다. 당신의 영을 발전시키는 일을 시작하십시오.

두 번째 법칙 : 하나님 말씀을 실천하기

너희는 말씀을 행하는 자가 되고 듣기만 하여 자신을 속이는
자가 되지 말라   약 1:22

하나님 말씀을 실천하는 것을 야고보는 "말씀을 행하는 자 a doer of the Word"라고 불렀습니다. 어떤 사람들은 말씀을 행하는 것이 십계명을 지키는 것이라고 생각합니다. 새 언약

아래서는 당신은 오직 한 계명만을 가지고 있는데 그것은 사랑의 계명입니다.

만일 당신이 어떤 사람을 사랑하면 그 사람으로부터 물건을 훔치지 않을 것입니다. 그에게 거짓말도 하지 않을 것입니다.

바울은 사랑은 모든 계명의 성취라고 말했습니다. 만일 당신이 사랑으로 행한다면, 당신은 죄를 짓지 않게 하려고 만든 어떤 율법도 범하지 않을 것입니다.

이 성경 구절에서 야고보는 믿는 자들이 가장 먼저 서신서에 쓰인 것들 즉, 말씀대로 행하라고 주장하고 있습니다.

예를 들어보겠습니다. 바울은 빌립보서에 "아무것도 염려하지 말고 다만 모든 일에 기도와 간구로, 너희 구할 것을 감사함으로 하나님께 아뢰라"(빌 4:6)고 했습니다.

확대 성경 번역본은 "어떤 일에든지 초조해하거나 걱정하지 말고 모든 환경과 모든 일에 기도와 간구(절대적 필요들)로 감사와 함께 당신이 원하는 것이 무엇인지 하나님께 아뢰는 것을 계속하십시오"라고 했습니다.

통상적으로 우리는 이것의 일부분만을 실천합니다. 기도하라고 한 부분은 잘 하지만, 어떤 한 부분을 실천하고 다른 부분은 실천하지 않는다면 우리는 말씀을 실천하고 있는 것이 아닙니다. 우리는 말씀을 행하는 자가 아닌 것입니다.

맨 먼저, 주님은 초조해하지 말라고 하셨습니다. 만일 우리가 초조해하며 걱정한다면 우리가 아무리 구하여도 소용이 없습니다. 하나님께서 초조해하지 말라고 말씀하시면 그것은 우리가 초조해하지 않을 수 있다는 것을 의미합니다. 하나님은 의로우신 하나님이시므로 우리가 할 수 없는 어떤 일을 우리에게 하라고 하시지 않으십니다.

한때 나는 하나님께 나의 필요를 아뢰는 것은 믿을 수 있지만 안달할 필요가 없다는 것은 믿기가 힘든 때가 있었습니다. 그러나 하나님은 우리가 초조해할 필요가 없다고 말씀하셨습니다. 그래서 나는 "나는 초조해하거나 어떤 것에 대해 걱정하는 것을 거절한다."라고 말했습니다. 나는 내 필요를 하나님께 아뢰고 그 후에 하나님께 감사합니다. 이렇게 하는 것은 마귀가 내게 주려고 애쓰는 불안한 마음을 잠재우고 평안하게 합니다. 만일 내적 혼란이 계속 있으면 나는 단순히 이 구절로 돌아가서 다시 읽습니다. 나는 그것을 계속해서 주장합니다.

만일 우리가 바울의 충고를 따라서 초조해하거나 아무것도 걱정하지 않는다면 우리는 다음 구절에 따라오는 하나님의 약속들을 믿을 수 있습니다.

"그러면 모든 지각에 뛰어난 하나님의 평강이 그리스도 예수 안에서 너희 마음과 생각을 지키시리라"(빌 4:7)

많은 사람들이 7절에 말하고 있는 것은 원하지만 그것을 얻기 위해 6절에 하라고 한 것은 하기를 원하지 않습니다. 우리가 이해할 수 없는 하나님의 평강을 받기 위하여 우리는 아무것도 염려하지 말고 다만 모든 일에 기도와 간구로 너희 구할 것을 감사함으로 하나님께 아뢰야만 합니다.

확대 성경 번역본은 "하나님의 평강이…수비대를 두며 지키는 언약을 두리라"고 썼습니다. 그것이 당신의 심령과 당신의 영을 지켜줄 것입니다.

우리의 영의 교육은 하나님 말씀을 행함으로 이루어집니다. 말씀을 행하지 않고 결과들을 거두며 평강을 지킬 수 있습니까? 아닙니다. 절대로 그렇게 할 수 없습니다. 말씀을 행하는 자가 되십시오. 그러면 당신은 영적으로 자랄 것입니다.

세 번째 법칙 : 하나님의 말씀을 최우선에 두기

내 아들아 내 말에 주의하며 나의 말하는 것에 네 귀를 기울이라 그것을 네 눈에서 떠나게 하지 말며 네 마음 속에 지키라 그것은 얻는 자에게 생명이 되며 그의 온 육체의 건강이 됨이니라   잠 4:20-22

너무나 다른 목소리들이 우리를 둘러싸고 있기 때문에 우리가 멈춰서 하나님 말씀의 음성을 듣는다는 것은 어려운 일입니다. 가족이나 친구들은 항상 그들의 의견과 충고들을 줄 준비가 되어 있습니다.

그러나 영의 사람을 훈련시키는 기본적인 부분은 하나님의 말씀이 우리에게 말씀하고 있는 바를 듣는 것을 배우는 일입니다. 이것은 우리의 삶에 말씀을 최우선으로 두는 것입니다.

위에서 인용한 구절들에서 하나님께서는 우리에게 그의 말씀에 관련해서 세 가지 일을 하라고 말씀합니다.

(1) 말씀을 듣고 (2) 말씀을 읽고 (3) 말씀을 외우는 일입니다.

20절에는 "네 귀를 내가 말하는 것에 기울이라"고 했습니다. 어느 때나 성경이 큰 소리로 읽혀질 때(교회에서나 가족 나눔의 시간이나 기독교 방송이나 TV 프로그램이나) 그 단어 하나하나에 주의를 기울이십시오.

21절은 우리에게 "그것들이 네 눈에서 떠나지 말게 하며"라고 했습니다. 다시 말하면 혼자서 하나님의 말씀을 읽는 시간을 보내십시오. 말씀들이 당신의 생각과 심령에 깊숙하게 가라앉게 하십시오.

21절이 "네 심령 속에 그것을 지켜라"고 우리에게 말한 것 같이 그것들을 외우십시오.

우리가 이 세 가지 일들을 한다면 우리는 하나님의 말씀이 "그것은 얻는 자에게 생명이 되며 그의 온 육체의 건강이 된다"는 것을 발견하게 될 것입니다(22절).

우리는 그리스도 예수 안에서 풍성한 삶으로 들어가게 될 것입니다. 우리는 우리 몸의 육체적인 치유를 발견하게 될 것입니다.

우리가 해야 할 일은 우리의 삶 안에서 하나님의 말씀을 최우선으로 하는 일 뿐입니다.

네 번째 법칙 : 우리의 영의 소리에 즉시 순종하기

인간의 영은 소리를 가지고 있습니다. 우리는 그것을 양심의 소리라고 부릅니다. 어떤 때는 그것을 직감intuition이라고 부르기도 하고 안내하는 내적 소리라고도 부릅니다. 그것이 우리의 영이 우리에게 말하고 있는 것입니다.

사람이 구원을 받았든지 못 받았든지 각 사람의 영은 소리가 있습니다. 그러나 새로운 탄생은 인간의 영이 재탄생하는 것입니다. 당신이 말씀을 묵상할 때 당신의 영은 정보를 얻습니다. 당신의 영에게 순종하는 법을 배우십시오.

성령님이 당신 안에 사시므로 당신의 영은 하나님의 생명과 본성을 가지고 있습니다. 마귀는 당신 안에 있는 것이 아니고 당신 밖에 있으므로 당신의 영에게 정보를 줄 수 없습니다.

하나님은 당신의 영 안에 사시므로 당신의 영을 통하여 당신과 교통하십니다. 하나님은 당신의 머리 안에 계시거나 당신의 이성적 능력 안에 계시지 않습니다. 그분은 당신의 영 안에 계십니다. 당신의 영은 당신 안에 있는 성령님을 통하여 정보를 얻습니다. 당신의 영에게 순종하는 법을 배우십시오.

어떤 사람들은 양심이 안전한 안내자가 아니라고 말하지만 이것은 항상 진리가 아닙니다. 성령 충만함을 받은 사람들의 경우 하나님께서 그 안에 사시므로, 이들에게는 양심이 안전한 안내자입니다. 믿는 자의 양심, 그의 영의 소리는 하나님의 소리가 됩니다. 하나님께서 그들에게 말씀하고 계시는 것입니다. 바울은 그가 그의 양심에 순종한다고 말했습니다(행 23:1).

"사람의 영은 여호와의 등불이라"(잠 20:27)

하나님께서 당신을 인도하기 위해 당신의 영을 사용하십니다. 하나님께서 당신을 가르쳐 주기 위해서 당신의 영을 사용하십니다. 당신의 영이 말씀을 묵상하고 먹을 때 당신의 영은 점점 더 안전한 안내자가 됩니다. 당신의 영이 말씀 안에서 훈련되어지는 것입니다.

성령님은 특별한 목회 은사가 있는 사람에게 조금 다르게 말씀하십니다. 일반적으로 신자의 삶에서 내적 소리inward voice는 성령님이 하시는 소리가 아니고 인간의 영의 소리입니다.

성령님은 종종 다른 사람을 위하여 내게 말씀하셨지만 한 번도 내 자신의 유익을 위하여 들어본 적이 없습니다. 왜일까요? 선지자의 직분은 그 자신의 유익을 위해서 주신 것이 아니기 때문입니다. 그것은 다른 사람을 위해 주셨습니다. 다른 사람이 그랬듯이 나도 내 자신을 위해서는 내적 소리를 통하여 인도를 받아야 합니다.

우리가 우리의 영의 소리에 순종할 때 인생의 모든 국면에 우리가 무엇을 해야 되는지 알 수 있는 경지에 도달할 것입니다. 주님이 우리를 인도하십니다.

"범사에 그를 인정하라 그리하면 네 길을 지도하시리라"(잠 3:6)

기억해야 할 구절

"사람의 영혼은 여호와의 등불이라 사람의 깊은 속을 살피느니라"(잠 20:27)

믿음의말씀사 출판물

구입문의 : 031-8005-5483 http://faithbook.kr

■ 케네스 해긴의 「믿음 도서관」 책들
- 새로운 탄생
- 재정 분야의 순종
- 나는 지옥에 갔다 왔습니다
- 하나님의 처방약
- 더 좋은 언약
- 예수의 보배로운 피
- 하나님을 탓하지 마십시오
- 네 주장을 변론하라
- 셀 모임에서 성령인도 받기
- 안수
- 치유를 유지하는 법
- 사랑은 결코 실패하지 않습니다
- 하나님께서 내게 가르쳐 주신 형통의 계시
- 왜 능력 아래 쓰러지는가?
- 다가오는 회복
- 잊어버리는 법을 배우기
- 위대한 세 단어
- 하나님의 은사와 부르심
- 그 이름은 "놀라우신 분"
- 우리에게 속한 것을 알기
- 성령을 받는 성경적인 방법
- 하나님의 영광
- 은혜 안에서의 성장을 방해하는 다섯 가지
- 사랑 가운데 걷는 법
- 바울의 계시: 화해의 복음
- 당신은 당신이 말하는 것을 가질 수 있습니다
- 그리스도 안에서
- 말
- 방언기도의 능력을 풀어 놓으라
- 옳은 사고방식 틀린 사고방식
- 속량 - 가난, 질병, 영적 죽음에서 값 주고 되사다
- 네 염려를 주께 맡겨라
- 예언을 분별하는 일곱 단계
- 절망적인 상황을 반전시키기
- 당신의 믿음을 풀어 놓는 법
- 진짜 믿음
- 믿음이란 무엇인가
- 그리스도께서 지금 하고 계시는 일
- 충분하고도 넘치는 하나님 엘 샤다이
- 금식에 관한 상식
- 하나님의 말씀 : 모든 것을 고치는 치료제
- 가족을 섬기는 법
- 조에
- 당신이 알아야 하는 신유에 관한 일곱 가지 원리
- 여성에 관한 질문들
- 인간의 세 가지 본성
- 몸의 치유와 속죄
- 크게 성장하는 믿음
- 하나님 가족의 특권

- 기도의 기술
- 나는 환상을 믿습니다
- 병을 고치는 하나님의 말씀
- 영적 성장
- 신선한 기름부음
- 믿음이 흔들리고 패배한 것 같을 때 승리를 얻는 법
- 믿음의 선한 싸움을 싸우는 법
- 하나님의 계획과 목적과 추구
- 예수 열린 문
- 믿음의 계단
- 당신을 향한 하나님의 계획
- 역사하는 기도
- 기름부음의 이해
- 내주하시는 성령 임하시는 성령
- 재정적인 번영에 대한 성경적 열쇠들
- 어떻게 하나님의 영으로 인도받을 수 있는가?
- 마이더스 터치
- 치유의 기름부음
- 그리스도의 선물
- 방언
- 믿는 자의 권세(생애기념판)
- 믿음의 양식
- 승리하는 교회

■ E. W. 케년
- 십자가에서 보좌까지 무슨 일이 일어났는가?
- 두 가지 의
- 놀라우신 그 이름 예수
- 하나님 아버지와 그분의 가족
- 나의 신분증
- 두 가지 생명
- 새로운 종류의 사랑
- 그분의 임재 안에서
- 속량의 관점에서 본 성경
- 두 가지 지식
- 피의 언약
- 숨은 사람
- 두 가지 믿음
- 새로운 피조물의 실재

■ 스미스 위글스워스
- 스미스 위글스워스의 천국
- 스미스 위글스워스의 매일묵상
- 위글스워스는 이렇게 했다
- 스미스 위글스워스의 능력의 비밀

■ T. L. 오스본
- 행동하는 신자들
- 기적 - 하나님 사랑의 증거
- 새롭게 시작하는 기적 인생

- 좋은 인생
- 성경적인 치유
- 능력으로 역사하는 메시지
- 100개의 신유 진리
- 24 기도 원리 7 기도 우선순위
- 하나님의 큰 그림
- 긍정적 욕망의 힘
- 당신은 하나님의 최고으 작품입니다

■ 잔 오스틴
- 믿음의 말씀 고백기도접
- 하나님의 사랑의 흐름
- 견고한 진 무너뜨리기
- 초자연적인 흐름을 따르는 법
- 당신의 운명을 바꿀 수 있습니다
- 어떻게 하나님의 능력을 풀어놓을 수 있는가?

■ 크리스 오야킬로메
- 여기서 머물지 말라
- 이제 당신이 거듭났으니
- 당신의 인생을 재창조하라
- 이 마차에 함께 타라
- 그리스도 안에 있는 당신의 권리
- 성령님과 당신
- 성령님이 당신 안에서 행하실 일곱 가지
- 성령님이 당신을 위해 행하실 일곱 가지
- 기적을 받고 유지하는 법
- 하나님께서 당신을 방문하실 때
- 올바른 방식으로 기도하기
- 당신의 믿음을 역사하게 하는 법
- 끝없이 샘솟는 기쁨
- 기름과 겉옷
- 약속의 땅
- 하나님의 일곱 영
- 예언
- 시온의 문
- 하늘에서 온 치유
- 효과적으로 기도하는 법
- 어떤 질병도 없이
- 주제별 말씀의 실재
- 마음의 능력

■ 앤드류 워맥
- 당신은 이미 가졌습니다
- 은혜와 믿음의 균형 안에 사는 삶
- 하나님의 참 본성
- 하나님은 당신이 건강하기 원하십니다
- 영·혼·몸
- 전쟁은 끝났습니다
- 믿는 자의 권세
- 새로운 당신과 성령님
- 노력 없이 오는 변화
- 하나님의 충만함 안에 거하는 열쇠
- 더 좋은 기도 방법 한 가지
- 재정의 청지기 직분

- 하나님을 제한하지 마라
- 하나님의 뜻을 발견하고 따라가며 성취하라
- 하나님의 참 본성
- 하나님의 최선 안에 사는 법
- 더 큰 은혜 더 큰 은총

■ 기타 「믿음의 말씀」 설교자들
- 성령의 삶 능력의 삶
- 복을 취하는 법
- 주는 자에게 복이 되는 선물
- 믿음으로 사는 삶
- 붉은 줄의 기적
- 당신이 말한 대로 얻게 됩니다
- 예수-치유의 길 건강의 능력
- 성령 안의 내 능력
- 존 G. 레이크의 치유
- 믿음과 고백
- 임재 중심 교회
- 성령충만한 그리스도인의 지침서
- 열정과 끈기
- 제자 만들기
- 어떻게 교회를 배가하는가
- 운명
- 모든 사람을 위한 치유
- 회복된 통치권
- 그렇지 않습니다
- 당신의 자녀를 리더로 훈련하라
- 오순절 운동을 일으킨 하나님의 바람
- 주일 예배를 넘어서
- 신약교회를 찾아서
- 내가 올 때까지
- 매일의 불씨
- 여성의 건강한 자아상

■ 김진호·최순애
- 왕과 제사장
- 새로운 피조물의 실재
- 믿음의 반석
- 새 언약의 기도
- 새로운 피조쿨 고백기도집 한글판/한영대조판
- 성령 인도
- 복음의 신조
- 존중하는 삶
- 성경의 세 가지 접근
- 말씀 묵상과 고백
- 그리스도의 교리
- 영혼 구원
- 새로운 피조물
- 믿음의 말씀 운동의 뿌리
- 1인 기업7·마인드
- 내 양을 치라
- 새사람을 입으라